Lyotard zur Einführung

Walter Reese-Schäfer

Lyotard zur Einführung

und

Willem van Reijen / Dick Veerman

Gespräch mit Jean-François Lyotard

Edition SOAK
im Junius Verlag

Redaktion
Detlef Horster (Hannover)
Hans-Martin Lohmann (Heidelberg)
Alfred Paffenholz (Bremen)
Willem van Reijen (Utrecht)
Burghart Schmidt (Wien)

SOAK-Einführungen 36
Junius Verlag GmbH
Stresemannstraße 375
2000 Hamburg 50

Einbandgestaltung: Johannes Hartmann, Hamburg
Titelfoto: Rob Lucas © Kok Agora, Kampen
Satz: Junius Verlag, Hamburg
Druck: SOAK GmbH, Hannover
Printed in Germany
ISBN 3-88506-836-2
1. Auflage März 1988

CIP-Kurztitelaufnahme der Deutschen Bibliothek
Reese-Schäfer, Walter:
Lyotard zur Einführung/Walter Reese-Schäfer.
Gespräch mit Jean-François Lyotard/Willem van Reijen; Dick Veermann.
1. Aufl. — Hamburg: Ed. SOAK im Junius Verlag, 1988
(SOAK-Einführungen; 36)
ISBN 3-88506-836-2

Inhalt

Teil I

Teil II

Anhang

Einleitung

»Während der letzten ein bis zwei Jahrzehnte sind, wenn ich nur an gesellschaftstheoretische Zeitdiagnosen denke, von Paris mehr produktive Anstöße ausgegangen als von irgendeinem anderen Ort«. Das schrieb Jürgen Habermas 1984[1].

Der Anstoß, den Jean-François Lyotard gegeben hat und durch den er international bekannt wurde, war die Einführung des Begriffs »postmodern« in die philosophische Diskussion. Das geschah 1979 in *La Condition postmoderne* (*Das postmoderne Wissen*), einem Buch, das er als Gutachten für den Universitätsrat der Regierung von Quebec über die Universitäts- und Wissenschaftsplanung unter der Einwirkung der neuen Informationstechnologien erarbeitete. Er hat den Begriff in den folgenden Jahren auch auf die Malerei und andere Bereiche der Kunst angewandt und schließlich 1983 in seinem Hauptwerk *Le Différend* (*Der Widerstreit*) eine an Kant anknüpfende Entwicklung der Grundlagen seiner Philosophie des Dissens vorgelegt. »Lyotard ist *der* Autor eines philosophischen Postmodernismus. Kein anderer hat vergleichbar früh, vergleichbar präzis und ähnlich explizit ein Konzept von postmoderner Philosophie entwickelt«[2]. Diese Wertung gibt Wolfgang Welsch, ein deutscher Verfechter postmodernen Denkens.

In wenigen Worten läßt sich Lyotards Konzept so umreißen: Charakteristisch für die Moderne (=Neuzeit) ist ein Totalitätsdenken, das Züge eines gefährlichen Despotismus in sich trägt und das aus verschiedenen Gründen als gescheitert betrachtet werden muß. An seine Stelle tritt heute eine Vielfalt verschiedener Haltungen und Denkansätze. Solche Ansätze haben die Kunstavantgarden des 20. Jahrhunderts schon ausprobiert. Hier gilt es anzuknüpfen. Lyotards Begriff von Postmoderne schließt also die ästhetische Moderne ein. Eine solche Begriffsbestimmung ist nicht ganz einfach nachzuvollziehen, weil sie deutlich vom spontanen, unmittelbaren Verständnis der Vorsilbe »post-« als »nach-« oder »anti-modern« abweicht. Damit haben viele Lyotard-Leser denn auch ihre Probleme. Ich hoffe, daß Kapitel 5 der vorliegenden Einführung in diesem Punkt die größtmögliche Klarheit schaffen kann.

Der kühle und konstatierende Ton von *Das postmoderne Wissen* hat außerdem viele Kritiker und Leser zu dem Fehlschluß verleitet, Lyotard verherrliche die neuen Computertechnologien und Datenbanksysteme und identifiziere sich mit ihnen. Es sei also wieder ein ehemaliger Linker verräterisch ins andere Lager übergelaufen. Ich werde zu zeigen versuchen, daß dies eines jener Probleme ist, die bei ungenauer Lektüre entstehen. Hier nur soviel: Bei einem (notwendig auftretenden) Widerstreit von Diskursen müssen die Rechte der potentiell oder real Unterlegenen gewahrt werden. Lyotards Konzept ist gegen jegliche Dominanz eines einheitlichen Prinzips gerichtet, sei es das der »Techno-Wissenschaft« (wie er sie kritisierend nennt), sei es das des Kapitals, das beginnt, sich auch die Sprache als Ware anzueignen, indem sie diese in computergeeignete Informationsquanten umwandelt. Lyotards Grundintention ist antitotalitär; eine Idee von Gerechtigkeit steht dahinter, die den Widerstreit ermöglicht, aber Übergriffe einer Diskursart in andere Bereiche verhindert.

Die hier vorliegende Darstellung wird sich auf Lyotards Philosophie seit 1979, mit der er weltweite Beachtung fand, konzentrieren, also auf *Das postmoderne Wissen* (deutsch

1986, zuerst in einer Zeitschrift 1982), *Der Widerstreit* (deutsch 1987), *Postmoderne für Kinder* (deutsch 1987).

Seine früheren Arbeiten werden in dieser Perspektive zu einer Vorgeschichte, die noch eine Menge Entdeckungen birgt für diejenigen, die eine Philosophie am besten verstehen, wenn sie ihre Entstehungsgeschichte nachvollziehen. Oftmals ist das eine hilfreiche Vorgehensweise. In diesem Band wird eine andere Herangehensweise gewählt: der gegenwärtige Stand von Lyotards Denken soll dargestellt, erklärt und diskutiert werden. Aus dieser heutigen Perspektive wird auf seine Entwicklung vom Mitarbeiter der Zeitschrift *Socialisme ou Barbarie* zum Theoretiker der *Ökonomie des Wunsches* nur im Überblick, aber mit einigen neuartigen Interpretationsansätzen eingegangen. Das entspricht Lyotards Selbstverständnis am besten, setzt er doch auf rationale Analysen statt auf das Erzählen von Geschichten.

Im letzten Abschnitt dieser Einführung wird seine deutsche Rezeption behandelt, vor allem der Streit mit Habermas. In Deutschland erwartet man zur Zeit von neu bekannt werdenden französischen Philosophen entweder Reaktionäres oder Chaotisches. »Derridada und Lacancan«, so nennt Klaus Laermann das im *Kursbuch*, einen an französischen Universitäten kursierenden Scherz aufgreifend[3]. Manfred Frank spricht gar von einer »Verwahrlosung« und meint Texte von Baudrillard, vom späten Deleuze »und ›Denkern‹ ähnlich überstürzter Gangart«[4].

Lyotard ist dagegen seit dem *Postmodernen Wissen* ein ausgesprochen klar und deutlich (»claire et distincte«, heißt es bei Descartes, und das ist ja französische Tradition), geradezu hyperrationalistisch argumentierender, aufklärerischer Theoretiker, der sich zum Erstaunen vieler seiner Kritiker an wichtigen Überlegungen Kants orientiert – übrigens nicht anders als Michel Foucault in seinen letzten Texten[5]. »Lyotards Denken ist ersichtlich weder vernunftfeindlich noch irrational noch subjektphilosophisch noch neokonservativ. Setzte man mit ihm sich auseinander, könnte man am Ende zu einem Umdenken über die Postmoderne genötigt werden«[6].

Dies ist nicht das Buch eines glühenden Lyotard-Anhängers. Die angemessene Form, einem Philosophen gegenüber Respekt zu zeigen, ist meiner Meinung nach die kritische Diskussion seiner Kerngedanken. Lyotard sucht nach Widersprüchen, nicht nach den Lösungen – übrigens ganz ähnlich, wie es Wittgenstein in § 125 seiner *Philosophischen Untersuchungen* für die Mathematik formuliert: »Es ist nicht Sache der Philosophie, den Widerspruch durch eine mathematische, logisch-mathematische, Entdeckung zu lösen. Sondern den Zustand der Mathematik, der uns beunruhigt, den Zustand *vor* der Lösung des Widerspruchs, unübersehbar zu machen«. Das irritiert alle Antwortgeber, die Paradoxien und Paralogismen nur brauchen, um ihre immer schon fertigen Lösungen auf den Markt bringen zu können. Lyotards radikales Weiterfragen zielt auf die wichtigsten Fragen der gegenwärtigen Philosophie. Von einem konsequent durchgehaltenen Gegenwartsstandpunkt aus setzt er sich mit Theoretikern von Aristoteles bis Lévinas auf eine Weise auseinander, die weit über jede bloß nachvollziehende Interpretation hinausgeht. Das macht den *Widerstreit* zu einem der philosophisch aufregendsten Bücher der letzten zehn Jahre.

Lyotard hat sich bemüht, in diesem Buch »einen stilistischen Nullpunkt zu erreichen«[7]; er meint damit den Verzicht auf Schnörkel und rhetorische Umwege. Er erreicht einen auch in Frankreich seltenen klaren Schliff des Stils, eine Übersichtlichkeit und Knappheit, die beim Lesen den Eindruck erweckt, der Text enthalte tatsächlich kein Wort zuviel. Ein »leichter« oder gar populärer Autor ist Lyotard allerdings nicht.

Willem van Reijen und Dick Veerman haben am 20. Juni 1987 ein ausführliches Gespräch mit Lyotard geführt, das im zweiten Teil dieses Bandes abgedruckt ist. Lyotards Kant-Anknüpfung, seine Haltung zu Jacques Derrida, seine Differenz mit Karl-Otto Apel und seine heutige Sicht der Diskussion mit Richard Rorty werden dort sehr genau herausgearbeitet. Anders als bei den üblichen journalistischen Frage- und Antwortspielen kann man hier auch einen Eindruck von Lyotards diskursivem Stil gewinnen, wie er sich vor allem in dem bisher leider nicht ins Deutsche übersetzten Band *Au juste* entfaltet.

Meine Lyotard-Interpretation hat sich in vielen Gesprächen und Diskussionen herausgebildet, auch wenn ich sie letzten Endes allein zu verantworten habe. Besonders möchte ich Richard Knosp, Christine Pries und Anke Schäfer für ihre immer anregenden Diskussionsbeiträge danken.

1. Zu Lyotards Biographie

Jean-François Lyotard wurde 1924 in Versailles geboren. Er hat an der Sorbonne Philosophie studiert und war zunächst von der Phänomenologie Husserls beeinflußt. Er hat damals eine sehr knappe und übersichtliche Darstellung *La Phénoménologie* geschrieben, die noch heute an französischen Universitäten als eine der besten zum Thema empfohlen wird und inzwischen die 17. Auflage erreicht hat.

Kurz vor Beginn des Algerienkriegs war er 1950-52 als junger Dozent in Constantine/Algerien tätig. Anschließend wurde er Gymnasiallehrer – nicht anders als Jean-Paul Sartre in den dreißiger Jahren. Unter dem Eindruck der algerischen Erfahrungen fand sein Politisierungsprozeß statt. Er entwickelte sich zum undogmatischen Marxisten, engagierte sich aber zunächst in der kommunistisch geprägten Gewerkschaft CGT. Im Jahre 1954 wurde er Mitglied der linksradikalen Gruppe[1] um die Zeitschrift *Socialisme ou Barbarie* (Sozialismus oder Barbarei), die von 1949 bis 1966 in Frankreich erschien. Gründer und prägende Mitglieder dieser Gruppe waren Cornelius Castoriadis[2] und Claude Lefort[3]. *Socialisme ou Barbarie* war ebenso antistalinistisch wie antikapitalistisch, stand aber auch den Trotzkisten und personenkultischen Tendenzen im Maoismus kritisch gegenüber. Die Gruppe hatte etwa sechzig Mitglieder. Einige von Cornelius Castoriadis' Aufsätzen aus jener Zeit sind unter dem Titel *Sozialismus oder Barbarei* auch in Deutschland veröffentlicht worden.

Lyotard hat in dieser Zeitschrift zwischen 1955 und 1963 nur dreizehn Texte veröffentlicht, die sich, zum Teil unter dem Pseudonym François Laborde, bis auf eine Ausnahme mit dem Algerienkonflikt beschäftigen. Er war sozusagen der Algerienspezialist. Die kleine Gruppe war in den fünfziger und sechziger Jahren, als die KPF die französische Linke dominierte und die Sozialisten zum Kolonialkrieg in Algerien eine mehr als dubiose Position einnahmen, etwas völlig Ungewöhnliches: eine Gruppe, die offenbar die Fehler und Irrtümer der französischen Linken nicht mitmachte. Lyotard warnt aber davor, nun einen Mythos um sie bilden zu wollen.

Ab 1959 entwickelte sich in der Gruppe eine Grundsatzdiskussion, die schließlich zur Spaltung und Auflösung führte. Castoriadis bezweifelte, daß sich mit den marxistischen Begriffen die heutige Gesellschaft angemessen begreifen und eine kritische Praxis begründen ließe. In *Marxismus und revolutionäre Theorie* trug er eine fundamentale Marxismuskritik vor[4]. Ein Teil der Gruppe aber wollte die Idee vom Konflikt, vom »Widerspruch« nicht fallenlassen. Sie gründete 1964 die Zeitschrift *Pouvoir ouvrier* (Arbeitermacht). Der verbliebene Kern der Gruppe um Castoriadis gab bis zur Einstellung 1966 weiterhin die Zeitschrift *Socialisme ou Barbarie* heraus.

Obwohl Lyotard mit Castoriadis' Ideen sympathisierte, schloß er sich der anderen, eher traditionellen Gruppierung an – wohl mehr aus Freundschaft zu dem Historiker Pierre Souyri als aus politischen Gründen. 1966 trat Lyotard aus dieser Gruppe aus: »Eine Periode meines Lebens war beendet, ich verließ den Dienst der Revolution, ich machte etwas anderes, ich hatte meine Haut gerettet«[5]. Freundschaften zerbrachen, für Lyotard folgten Jahre der krisenhaften Selbstreflexion. Lediglich während der Revolte von 1968 wurde er noch einmal für kurze Zeit politisch aktiv: in Daniel Cohn-Bendits *Bewegung vom 22. März*. Sein Problem blieb aber weiterhin: »Wie soll man sich heute zur Politik verhalten?«[6]

1971 promovierte er mit dem Band *Discours, figure* und lehrte zunächst an der Universität Nanterre, dann in Paris VIII (Vincennes in Saint-Denis). Er war Mitbegründer und zeitweiliger Leiter des *Collège internationale de philosophie*. Im Sommer 1987 wurde er emeritiert.

2. Die Vorgeschichte des »Postmodernen Wissens«

Nur weil es so üblich ist, eins nach dem anderen darzustellen, steht dieses Kapitel vor der Beschäftigung mit Lyotards Hauptwerken, dem *Postmodernen Wissen* und dem *Widerstreit*. Wer hauptsächlich an jenen Texten interessiert ist, sollte es zunächst überschlagen. Im Rückgang von Lyotards gegenwärtigen Positionen ist es vermutlich ergiebiger.

Libidoökonomie

Lyotards *Economie libidinale (Ökonomie des Wunsches)* ist 1974 in Paris erschienen. Die deutsche Übersetzung erfolgte erst zehn Jahre später. Das Buch hat in beiden Ländern nur sehr wenige Leser gefunden. Es gehört zu einer Phase in Lyotards Denken, die er selbst als sein »Fegefeuer« bezeichnet hat[1]. Es hat Ähnlichkeiten mit dem *Anti-Ödipus* von Gilles Deleuze und Felix Guattari. Eine gewisse Kontinuität der Intentionen zum heutigen Werk Lyotards ist durchaus sichtbar, wenn er etwa fordert: »Kämpfen wir also gegen den weißen Terror der Wahrheit, mit und für die rote Grausamkeit der Singularitäten«[2]. Die Sprache ist jedoch, wie an dieser Stelle zu sehen, exaltiert und überreizt. Er spricht für »Leute wie uns, deren Diskurs keinen Anspruch auf Konsistenz erhebt«[3].

Damit steht dieses Buch jenseits eines theoretischen Diskurses. Es kann eigentlich nur als Expression, als Ausdruck einer tiefen persönlichen Krise begriffen werden. Im letzten Kapitel der *Economie libidinale* (»Libidinöse Ökonomie« oder »Ökonomie des Begehrens« wären bessere deutsche Titel als der harmlose *Ökonomie des Wunsches*) fragt Lyotard, was dieses Buch eigentlich sei:

Ein Wettlauf mit dem Tod, mit der Nacht des Wahnsinns, die sich herabsenken wird? Aber nein, diese schwerfällige, allzu abendländische Dramatisierungsweise lohnt sich nicht; wer sollte denn davonlaufen, wenn er von der Unordnung bedroht ist? das Ich, der Handlanger, der Träger. Die Eile, die wir meinen, ist nicht die schützende, narzistische Flucht, sondern vielmehr die Eile, die einen den schrecklichen Energiestrahlen *entgegen*treibt, die die Linien der Schrift, den Gang des Denkens, das Sehen versperren wollen; dagegen anrennen, die Triebe auf frischer Tat ertappen, die Worte, die sie brauchen, im Flug mitnehmen, stehlen, sich zu multiplen, leitenden, multidirektiven, polymorphen, freien Flächen-Körpern machen. ... Wir haben durchaus nicht den Ehrgeiz, wahnsinnig zu werden. Die Rolle des Wahnsinnigen zu übernehmen ist das Widerwärtigste ... . Keinen Ehrgeiz also, sondern eine Suche nach Wahnsinn. Aber auch hier muß man noch aufpassen; wir suchen ihn nicht wie etwas, das unser Besitz wäre und das irgendeine bösartige Instanz uns enteignet hätte, wie irgendein Wesen, das uns gehören würde und das auf der Flucht wäre – so wie elende Eltern ihre flüchtigen Kinder suchen, die sie aber zu suchen vergessen, während sie sie zu haben glauben. Der Wahnsinn ist kein Gut, kein Besitz, und wir finden es gräßlich, wenn man ruft: es lebe der Wahnsinn! Der Wahnsinn ist keine Eroberung der individuellen Singularität. Er ist das Unerträgliche an der Intensität. Den Wahnsinn zu suchen würde bedeuten, daß man aus sich, aus seinem Körper, in diesem Fall aus der Sprache einen durchlässigen Leiter für das Unerträgliche macht.[4]

Wer solche Textstellen genau liest, findet in ihnen keine Theorie, sondern tiefe Verzweiflung. Lyotard hat das aus heutiger Sicht in seinem Gespräch mit Willem van Reijen und Dick Veerman sehr klar ausgesprochen: »Die *Economie libidina-*

le ist ein verzweifeltes Buch. Man kann es nur verstehen und ertragen auf dem Hintergrund der Krise, die ich damals durchgemacht habe«.

Diese Krise ist natürlich die Krise des Marxismus, die Krise der Auflösung der Gruppe *Socialisme ou Barbarie*, die Krise seiner Abwendung von dem Versuch, eine strenge linksmoralisierende Politik zu betreiben. Gegen eine solche Politik richtete sich schließlich Lyotards Wut, ihr galt seine »Flucht in die libidinöse Ökonomie«[5] – so seine eigene Formulierung. Auf sie versuchte er, nach Wut und Haß, mit einem befreiten, aber doch noch gequälten und gezwungenen Lachen zu reagieren. Das Buch ist also ein Befreiungsversuch. Es ist ein Ausdruck der chaotischen biographischen Geburtsbedingungen von Lyotards heutigem Denken und insofern allenfalls von biographischem Interesse; denn alles, was in ihm an Weiterführendem angedeutet wurde, ist in *Der Widerstreit* überhaupt erst mit Argumenten vorgetragen worden. Möglicherweise ist das Buch zusätzlich noch ein interessantes Dokument für solche Leser, die einen eigenen Ablösungsprozeß aus einer sektenhaften Gruppe mit libidoökonomischen Kategorien aufarbeiten möchten.

Die sehr späte Veröffentlichung in Deutschland haben drei Mitarbeiter eines Forschungsprojekts »Zum Verhältnis von Affekt, Libido und Sinn« des *Wissenschaftlichen Zentrums für Psychoanalyse* an der Gesamthochschule Kassel betrieben, nämlich Gabriele Ricke, Georg Christoph Tholen und Ronald Voullié. In ihrem Vorwort fassen sie das Buch so zusammen: »Lyotard will zeigen, daß im Kapital, in der Sprache und in der Wissenschaft ebenso wie in der Kunst und Erotik lustvolle Intensitäten am Werke sind«[6]. Das ist eine verharmlosende Deutung. Die Herausgeber sind über die dunklen, die krisenhaften, die Nachtseiten des Buches, den Rand des Wahnsinns, der dort erreicht wird, hinweggegangen, obwohl schon die allererste Seite von Lyotards Text mit dem Aufschneiden der

Haut, mit dem Sezieren des Körpers beginnt. Erotik ist hier durchaus im Sinne von Georges Bataille auch in ihren bedrohlichen, zerstörerischen, Verletzung und Tod bringenden Seiten verstanden. Batailles *Madame Edwarda*, die Lyotard an mehreren Stellen zitiert, geht ja wirklich bis ans Ende der schmerzhaften Ekstase, an den Rand des Todes, der Vernichtung[7]. Es sind keineswegs nur die lustvollen, sondern gerade auch die schwarzen, bedrohlichen Regionen der Psyche, die Lyotard hier offenlegt. Der Text ist eine schonungslose Selbstentblößung, die aber trotzdem als theoretischer Text über ein Thema auftritt, nicht als autobiographische Reflexion, wie es eigentlich angemessen gewesen wäre. Die erforderlichen sprachlichen Ausdrucksmöglichkeiten hierfür enthält es. Möglicherweise können wir einen solchen Anlauf zu autobiographischer Reflexion von Lyotard noch erwarten.

Auseinandersetzung mit den »Neuen Philosophen«

Im Frühjahr und Sommer 1977 erregten die sogenannten »Neuen Philosophen« großes Aufsehen – auch diesseits der französischen Grenze. Vor allem André Glucksmann und Bernard-Henri Lévy trugen eine radikale Marxismuskritik vor, die umso mehr Beachtung fand, als sich die Kommunisten und Sozialisten für die Wahlen zur Nationalversammlung im März 1978 mit einem *Gemeinsamen Programm* zunächst gute Chancen ausrechneten. Es schien so, als ob die Intellektuellen sich von der marxistisch geprägten Linken in dem Moment abwandten, als diese kurz vor der Machtübernahme stand. Bekanntlich zerstritt sich die Linke dann doch, verlor die Wahl und geriet 1981 mit Mitterands Wahlsieg in ganz neue Situationen und Krisen.

Dogmatische Marxisten zogen sofort ihr Totschlagargument gegen die »Neuen Philosophen« hervor: Wer die Linke kritisiert, steht rechts, und sahen schon eine neue Rechte im Entstehen.

Heute wissen wir, daß das alles so aufregend nicht war. Es war keine »Neue Philosophie« entstanden, dafür waren die Ausgangspunkte Glucksmanns, Lévys und der anderen zu unterschiedlich. Die philosophische Substanz reichte wohl auch nicht. Glucksmann entwickelte sich zu einem Verfechter der Menschenrechte und Kritiker der Friedensbewegung im Geiste des politischen Denkens Raymond Arons, das ihn stärker geprägt hatte als seine maoistische Phase; für Lévy rückten die religiösen Quellen seines Denkens immer mehr in den Vordergrund. Die anderen sind so gut wie vergessen. Die *Nouvelle Philosophie* war eine vorübergehende Konstellation, ein blitzschnelles marktbewußtes Ausnutzen eines günstigen Moments durch eine Gruppe, die sich in den Medien gegenseitig hochlobte. Ihr wichtigstes Mitglied, Lévy, hatte den nötigen Zugang.

Lyotard stand all dem sehr differenzierend gegenüber. In den *Instructions païennes* (Heidnische Unterweisungen) macht er sich auf satirische Weise lustig über »Glucky, Clavy, Beny«, die alle ein Buch schreiben, das Lévy herausbringt, und dann jeder das Buch des anderen kommentieren. Wenn die Leute darüber lachen, um so besser, das fördert den Verkauf[8]. Inhaltlich fand Lyotard diese Texte uninteressant: »Ich stimme mit fast keiner einzigen ihrer Thesen überein, die im allgemeinen von beleidigender Albernheit sind«[9].

Eine Analyse lohnt sich allein unter zwei Aspekten: *Erstens* dringt die Vermarktung in Bereiche vor, die der gute Ton bisher davor geschützt hatte. Das ist ein ambivalenter Prozeß: »Viel Annehmliches ist uns seit der industriellen Revolution in Gestalt von Waren gebracht worden, weshalb nicht auch Ideen?«[10]. *Zweitens* kann man die »Neuen Philosophen« auffassen als ein Anzeichen dafür, daß die französische Intelligenz sich nicht mehr von der »marxistischen Erzählung über die Geschichte und die Politik« einschüchtern ließ[11].

Stattdessen kommt es darauf an, eine Vielfalt kleiner Erzählungen zu verbreiten. Das ist Lyotards Rezept dieser Jahre: die Erzählungen der Ungläubigen, der ersten Stalinismuskritiker, die Erzählungen über die Arbeiteraufstände 1953 in Berlin und Posen, über die ungarische Räterepublik von 1956, über den »Prager Frühling« 1968, aber auch über den Arbeiteraufstand von Kronstadt 1921. Dies ist übrigens Lyotards positive Anknüpfung an die Zeit von *Socialisme ou Barbarie*, wo ja versucht worden war, all dies für die Linke hörbar zu machen.

Seine politischen Gedanken dieser Jahre beziehen sich auf eine Politik der kleinen Erzählungen, der Minderheiten als Perspektive. Er stellt sich ein großes »Patchwork« aus lauter minoritären Einzelgruppen vor[12], eine Art Politik ohne Herren, ohne großes Ziel, in der sich Frauen, Homosexuelle, Gastarbeiter, alle Minderheiten und sogenannten Randgruppen artikulieren, wo zentralistische Konzepte nicht mehr akzeptiert werden.

In dem Aufsatz »Ein Einsatz in den Kämpfen der Frauen« bekennt sich Lyotard ausdrücklich zur Frauenemanzipation und trägt in diesem Zusammenhang eine Fundamentalkritik der bisherigen Philosophie vor. Ein Denken, das an eine Metasprache, einen übergeordneten, letztlich maßgeblichen Diskurs glaubt, etabliert damit die Herrschaftssprache der »abendländischen, insbesondere der griechischen Männlichkeit«[13]. »Die Aktivität, die sich die Männer *de facto* vorbehalten, setzt sich als *Recht*, den Sinn zu geben«[14]. Die Männer sind selbst nur eine Minderheit in einem Patchwork und haben kein Recht, eine höhere Ordnung als gültig zu etablieren und festzusetzen.

Die Vorherrschaft eines Diskurses, die *Einheit* verfällt – eine Entwicklung, die Lyotard konstatiert und durch seine Analysen in gewisser Weise auch vorantreibt. Er warnt aber davor, hier ein neues Glück, eine neue Gleichheit zu erwarten. »Etwas ähnliches gibt es zum Beispiel schon im soziokulturellen Raum Amerikas, und die Koexistenz der vielen Minderheiten ist dort nicht gerade paradiesisch«[15]. Es kommt darauf an, immer von neuem einen modus vivendi zu finden, irgendeinen Notbehelf, es doch auszuhalten. Lyotard lehnt jeden Universalitätsanspruch ab, egal, ob er vom Staat, den Arbeitgebern, den Gewerkschaften oder der Partei erhoben wird. Es gibt nur noch die verschiedenen Perspektiven der Minderheiten.

Diese perspektivistische Position ist im Zusammenhang zu sehen mit einer französischen Nietzsche-Rezeption, die in der Resignations- und Frustrationsphase nach dem Mai 1968 zusammen mit einer intensiven Freud-Lektüre eine wichtige Rolle unter den französischen Intellektuellen spielte und auch Lyotard, der ja nach neuen Orientierungen suchte, nicht unbeeinflußt ließ.

Die Politik der Minderheiten entsprach der politischen Situation – in beinahe allen Industrieländern artikulierten sich seit den sechziger Jahren Minderheitengruppen, vielfach angeregt und geprägt durch das Modell der amerikanischen Bürgerrechtsbewegung.

Der Lyotard der libidoökonomischen Phase macht allerdings etwas ganz anderes daraus:

> Viel wichtiger als der politische Linksradikalismus, viel enger mit einer Politik der Intensitäten verbunden: eine ungeheure unterirdische Bewegung, noch zögend, eher noch eine Unruhe. Sie *entzieht* dem Wertgesetz die Affekte. Bremsen der Produktion, Konsumverweigerung, ›Arbeits‹-verweigerungen, (illusorische?) Kommunen, Happenings, Bewegungen zur sexuellen Befreiung, Fabrik- und Hausbesetzungen, Entführungen, Produktion von Tönen, Worten, Farben ohne ›Werkintentionen‹. Das sind die ›Menschen der Steigerung‹, die ›Herren‹

> von heute: Außenseiter, experimentierende Maler, Popkünstler, Hippies und Yippies, Parasiten, Verrückte, Eingesperrte. Eine Stunde ihres Lebens enthält mehr an *Intensität* (und weniger an Intention) als tausend Worte eines Berufsphilosophen. Sie sind Nietzsche viel näher als seine *Leser.*[16]

Schon aus logischen Gründen muß man diese Formulierungen allerdings selbst wieder perspektivisch lesen: all diese Bewegungen finden statt, die Intensitäten geschehen – aber auch ihnen gegenüber ist Unglaube, Skeptizismus angesagt. Als politische Position heben sich solche Gedanken selbst auf, sie sind aber, wie auch die *Economie libidinale*, als Gefühlsausdruck zu werten, als Ausdruck einer Richtung, in die Lyotard denkt. Nachvollziehbar im argumentativen Sinn wird Lyotards politisches Denken erst wieder Ende der siebziger Jahre, als er sich mit dem Problem der Gerechtigkeit zu befassen beginnt.

Die Politik der »kleinen Erzählungen« hat er später in Frage gestellt. Sie geraten nämlich nur deshalb nicht in die Glaubwürdigkeitskrise der großen Geschichtsideen, weil sie gar nicht konsistent widerspruchsfrei zu sein beanspruchen. Die Volksprosa behauptet jede beliebige Sache so gut wie deren Gegenteil. Der Glaube an die Konsistenz der Volksdichtung gehört zur Romantik. Lyotard führt als Beispiel zwei französische Sprichwörter an: »Tel père, tel fils« und »A père avare, fils prodigue« (Wie der Vater, so der Sohn, und: Geiziger Vater, verschwenderischer Sohn)[17]. Das ist immer richtig und beweist alles. Entsprechende deutsche Beispiele kann leicht jeder selber finden.

3. »Das postmoderne Wissen«

Das postmoderne Wissen war nur eine Gelegenheitsarbeit Lyotards »über das Wissen in den höchstentwickelten Gesellschaften«[1]. Er hat diese Studie 1979 im Auftrag des Universitätsrats der Regierung von Quebec angefertigt.

Der Begriff »postmodern« bezeichnet, so wie Lyotard ihn in diesem Buch auffaßt, »den Zustand der Kultur nach den Transformationen, welche die Regeln der Spiele der Wissenschaft, der Literatur und der Künste seit dem Ende des 19. Jahrhunderts getroffen haben«[2]. Für das Verständnis des Textes ist es deshalb hilfreich, sich nicht an der Verwendung in der Architektur zu orientieren, sondern »postmodern« als »nach-neuzeitlich« zu übersetzen.

Diese Transformationen beschreibt Lyotard nun, indem er sie in Beziehung setzt zu dem, was er »Krise der Erzählungen« (crise des récits) nennt. Wissenschaft steht von Anfang an in einem kritischen Verhältnis zu den Erzählungen. Wenn sie aber den Anspruch hat, etwas »Wahres« zu sagen, muß sie in irgendeiner Weise ihre Spielregeln legitimieren, auf einem Metadiskurs basieren. Wenn dieser Metadiskurs auf eine »große Erzählung« (grand récit) zurückgreift, z. B. die Emanzipation des vernünftigen oder arbeitenden Subjekts oder die Entfaltung der Idee, nennt Lyotard ihn modern. Postmodern ist dagegen, extrem vereinfachend gesagt, die Skepsis gegenüber diesen großen Erzählungen der Aufklärung oder der Geschichtsphilosophie.

Lyotards Methode: Die Sprachspiele

Methodisch bezieht sich Lyotard auf den späten Wittgenstein und die Sprachpragmatik. Man unterscheidet verschiedene Sprachspiele, wie Erzählen, Versprechen, Befehlen usw. Die Sprachspiele haben ihre Regeln nicht in sich selbst, sondern sie werden durch einen expliziten oder impliziten Vertrag zwischen den Spielern konstituiert. Ohne Regeln gibt es kein Spiel, man kann also sagen, daß ein Spielzug oder eine Aussage, die den Regeln nicht entsprechen, auszugrenzen sind.

Lyotard geht in einem Punkt über Wittgenstein hinaus: er betrachtet Sprache als Kämpfen im Sinne des Spielens. Sie ist auf das Gewinnen ausgerichtet – und eben nicht auf Konsens und Wahrheit. Man spielt nicht unbedingt, um zu gewinnen, aber doch jedenfalls insoweit das Gewinnen das von den Spielregeln vorgegebene Ziel ist, das man natürlich nur innerhalb dieser Regeln anstrebt, das man aber in einem gewissen Sinn anstreben muß, auch wenn man nur spielt, um mitzuspielen. Auch die Freude an neuen Redewendungen, Spielzügen ist ja ein wenig vom Erfolg über einen Gegner, und sei dieser Gegner die etablierte Sprachpraxis, abhängig. Man wird Lyotard nicht richtig verstehen, wenn man diese sehr feinen Unterscheidungen im methodischen Bereich überliest.

Die Natur des sozialen Bandes: Die postmoderne Perspektive

Man könnte nun die Gesellschaft als funktionierendes Ganzes, wie etwa die Systemtheorie, oder als zweigeteilt und vom Prinzip der Infragestellung beherrscht denken, wie das von kritischen marxistischen Strömungen, etwa von der Frankfurter

Schule oder der Gruppe *Socialisme ou Barbarie* getan wurde. Das ist die moderne Denkweise.

Die postmoderne Perspektive ist eine andere. Der soziale Zusammenhang ist in dieser Auffassungsweise ein Sprachspiel; wie überhaupt die Sprachspiele gewissermaßen das Minimum an Beziehungen darstellen, die für das Bestehen der Gesellschaft erforderlich sind[3].

Lyotard ist kein Anhänger einer Manipulationstheorie. Jeder Sprachpartner ist Teilnehmer an einem agonistischen wettkampfartigen Sprachspiel: er macht Spielzüge und Gegenzüge, am besten solche, die unerwartet sind. Deshalb reicht eine bloße Kommunikationstheorie nicht aus. Man braucht eine den Wettstreit in ihre Prämissen einschließende Spieltheorie[4].

Nun könnte man einwenden, die soziale Wirklichkeit sei gar nicht so beweglich, sondern von einer bürokratischen Arthrose blockiert. Die Institutionen können Sprachspiele blockieren, indem sie festlegen, was man nicht sagen darf. Aber: die Grenzen, die die Institutionen festlegen, sind selbst nur das vorläufige Resultat und sozusagen das, was in den verschiedenen Sprachspielen auf dem Spiel steht (enjeu), der »Einsatz«. Sie sind veränderlich.

Die Delegitimierung

Lyotard unterscheidet zwei große Legitimierungserzählungen der Moderne (»Moderne« ist hier, wie gesagt, gleichzusetzen mit Aufklärung plus 19. Jahrhundert):

A. Zweck und Legitimation des Wissens ist die Emanzipation des Menschen (Aufklärung, Kant; heute Konzepte der Selbstverwaltung).

B. Das Wissen ist die Entfaltung einer Idee, Subjekt des Wissens ist nicht das Volk, sondern der spekulative Geist (Humboldt, Hegel)[5].

Diese großen Erzählungen haben ihre Glaubwürdigkeit verloren. Lyotard *konstatiert* das – die Analyse der Ursache ist seiner Meinung nach immer enttäuschend. Die externen Ursachen schiebt er deshalb kurzerhand beiseite und geht zu den internen über. Sobald man die Spielregeln der empirischen Wissenschaft gegen die großen Legitimationserzählungen kehrt, erscheint die Wissenschaft als Ideologie oder Machtinstrument, als abhängig vom vorwissenschaftlichen Wissen.

Das *spekulative Legitimationsmodell* gerät durch Selbstanwendung des wissenschaftlichen Wahrheitsanspruchs auf diesen Anspruch selbst in eine Krise. Die Entfaltung der Idee, das Leben des Geistes gibt allen Einzelforschungen einen Sinn, weil sie durch diese Vorstellung in eine Gesamtentwicklung eingeordnet werden. Wenn aber das Bewußtsein aufkommt, daß das Leben des Geistes selber nur eine Geschichte unter vielen anderen ist, verschwindet die spekulative Hierarchie der Erkenntnisse. Sie macht »einem immanenten, sozusagen ›flachen‹ Netz von Forschungen Platz, deren jeweilige Grenzen nicht aufhören, sich zu verschieben. Die alten ›Fakultäten‹ zerfallen in Institute und Stiftungen aller Art, die Universitäten verlieren ihre Funktion spekulativer Legitimierung«[6]. Die aus dem Humboldtschen Geist gegründete Universität verliert ihre Funktion, sie dient nur noch der Weitergabe des für etabliert gehaltenen Wissens und reproduziert Professoren statt Forscher – genau das ist die Situation, die Nietzsche Ende des 19. Jahrhunderts kritisiert hat.

Das *emanzipatorische Legitimationsmodell* zerfällt, weil das Bewußtsein dafür entsteht, daß aus wissenschaftlichen Beschreibungen keine präskriptiven Aussagen gewonnen werden können. Kants Teilung der Vernunft in ein theoretisches und ein praktisches (moralisches) Sprachspiel führt zu der Einsicht, daß die Wissenschaft das praktische Spiel nicht reglementieren kann; auch nicht das ästhetische – es gibt nämlich mehr als zwei, es gibt sogar eine unbestimmte Zahl von Sprachspielen mit unterschiedlichen Regeln. Damit kann die Wissenschaft natürlich auch nicht die Verbindlichkeit ihrer eigenen Regeln begründen. Es gibt zu all diesen Sprachspielen keine universelle Metasprache; das ist die Konsequenz, die Lyotard aus seiner durch Wittgensteins Sprachspieltheorie angeregten Interpretation der verschiedenen Vernunftvermögen zieht.

Damit ist die Zeit der Erzählungen vorbei, selbst schon die Trauerarbeit über die verlorenen Erzählungen ist durch den Pessimismus der Generation der Jahrhundertwende in Wien abgeschlossen. Lyotard meint hier Robert Musil, Karl Kraus, Hugo von Hofmannsthal, Adolf Loos, Arnold Schönberg, Hermann Broch, aber auch Ernst Mach und den frühen Wittgenstein.

Die Forschung und ihre Legitimierung durch die Performativität

Wie funktioniert nun, nach dem Ende der großen Erzählungen, in der heutigen Forschung die Legitimation? Die Metasprache, die der Logiker zur Beschreibung einer künstlichen Sprache (Axiomatik) verwendet, ist die natürliche Sprache oder Alltagssprache. Sie ist universell, aber nicht konsistent widerspruchsfrei, denn sie läßt die Bildung von Paradoxa zu. Daraus kann man ableiten, daß eine Pluralität formaler und axiomatischer Systeme existiert, die in einer nicht konsistenten universellen Metasprache beschreibbar sind.

Ein anderer wichtiger Aspekt: durch experimentelle Beweisführung wird die Wahrheitsfindung technisiert. »Also kein Beweis, keine Verifizierung von Aussagen und keine Wahrheit ohne Geld. Die wissenschaftlichen Sprachspiele werden Spiele der Reichen werden, wo der Reichste die größte Chance hat, recht zu haben«[7].

Wissenschaft wird selbst eine Produktivkraft. Allerdings ist selbst heute diese Unterordnung des Wissensfortschrittes unter den der technologischen Investitionen nicht unmittelbar. Eher regiert der Diskurs der Macht, der Performativität. Der Staat und das Unternehmen geben die Legitimationserzählungen idealistischer oder humanistischer Art auf. »Man kauft keine Gelehrten, Techniker und Apparate, um die Wahrheit zu erfahren, sondern um die Macht zu erweitern«[8].

Kann der Diskurs der Macht Legitimierung hervorbringen? Daran scheint ihn auf den ersten Blick der Unterschied von Gewalt und Recht zu hindern, zwischen dem, was Macht hat, und dem, was wahr ist. In der Terminologie der Sprachspieltheorie sind das getrennte Spiele: wahr/falsch (denotatives Spiel), gerecht/ungerecht (präskriptives Spiel), effizient/ineffizient (technisches Spiel).

Jedoch: das massiv in das wissenschaftliche Wissen eingeführte technische Kriterium bleibt nicht ohne Einfluß auf das Kriterium der Wahrheit. Es könnte eine Legitimation durch das Faktum geben. Befehle oder Gesetze werden als gerecht betrachtet, weil sie befolgt werden. Wenn die Realität die »Beweise« hervorbringen soll, und man mittels der Technik über die Realität verfügt, kann man eben leichter recht haben[9]. Das ist die Legitimierung durch Macht. Wissenschaft und Recht werden durch Leistung, Effizienz, Performativität legitimiert; diese umgekehrt durch Wissenschaft und Recht – wie es ein Regelkreis zu machen scheint[10]. Die Forschungsgelder gehen in die Bereiche, die zur Optimierung des Systems beitragen können; die anderen sind vom Geldfluß ausgeschlossen und der Vergreisung geweiht.

Die postmoderne Wissenschaft als Erforschung der Instabilitäten

Die positivistische »Philosophie« der Effizienz, auf der all das basiert, ist fragwürdig. In Wirklichkeit funktioniert die Pragmatik des postmodernen Wissens nämlich nach anderen als nach Kriterien der Performativität/Effizienz. Die Expansion der Wissenschaft wird gerade durch das Gegenteil hervorgebracht. Am Beweis arbeiten bedeutet, das Gegenbeispiel, das Unbegreifliche, das Paradoxon zu suchen. Die Effizienz wird nicht um ihrer selbst willen angestrebt, sondern sie kommt allenfalls hinzu, wenn die Geldgeber sich endlich für die Sache interessieren.

Bei jeder neuen Hypothese, neuen Aussage, neuen Betrachtung taucht unvermeidlich die Frage der Legitimität auf – die Wissenschaft selbst stellt sie, nicht die Philosophie[11]. Man muß sich die Wissenschaft nicht als positivistisch und zum Halbwissen verdammt vorstellen. Zur postmodernen Wissenschaft gehört der Diskurs über ihre Regeln. Der Legitimationsverlust am Ende des 19. Jahrhunderts war nur eine Episode, von der sich das Wissen durch den Einschluß des Diskurses über die Gültigkeit der als Gesetze geltenden Aussagen erholt hat.

Gödels Theorem (siehe den folgenden Exkurs) ist ein Paradigma dieser Wesensveränderung. Damit muß der Begriff des Systems korrigiert werden. Die Gesellschaft funktioniert nicht wie ein stabiles System, bei dem man den Output abhängig vom Input kalkulieren kann. Es gibt nur Inseln des Determinismus innerhalb eines katastrophischen Antagonismus, der im eigentlichen Sinn die allgemeine Regel ist. Die postmoderne Wissenschaft ist diskontinuierlich, katastrophisch, nicht nachprüfbar im klassischen Sinne, paradox. Das hierzu passende Legitimationsmodell ist nicht das der besten Performanz, sondern das der als Paralogie (=Nebenvernünftiges) verstandenen Differenz.

An dieser Stelle sind nun einige Erläuterungen zu dem Begriff »Paralogie« nötig. »Paralogie« ist mit dem Begriff »Paralogismus« (=Fehlschluß) verwandt; man könnte aber sagen, daß er einen bestimmten Aspekt des Paralogismus betont: Was in einem Wissenszusammenhang als Paralogismus oder Paradox galt, kann – eine Pluralität von formalen und axiomatischen Systemen vorausgesetzt – in einem anderen dieser Systeme durchaus Überzeugungskraft haben und die Zustimmung der Expertengemeinschaft finden. Es gibt in Lyotards Denken kein Obersystem.

Auch hier haben wir es also mit einem feinen Unterschied zu tun. Lyotards Aufforderung ist nicht: begeht Fehlschlüsse, sondern: konzentriert euch auf die Paralogien, weil die an den Übergängen zwischen den verschiedenen Sprachspielen, oder, wie er später sagen wird, Diskursgenres auftreten. Wenn es keinen Metadiskurs gibt, liegt hier das Thema der Philosophie: nämlich das Denken im Bereich *zwischen* den geregelten Systemen. »Die Philosophie ist ein Diskurs, dessen Regel darin besteht, seine Regel (und die anderer Diskurse) zu finden«[12].

Damit soll aber auf keinen Fall etwas verharmlost werden. »Paralogie« hat durchaus die Wörterbuchbedeutung »Vernunftwidrigkeit, Widervernünftigkeit«; aber man sollte, wenn man diesen Begriff bei Lyotard liest, möglichst an die gesamte Bedeutungsbreite von »para« denken: »bei, neben, entlang, über ... hinaus, gegen, abweichend«. Die Frage, ob es eine Legitimierung durch die Paralogie gibt, ist das Thema des letzten, des abschließenden Kapitels im *Postmodernen Wissen*.

Die Legitimierung durch die Paralogie

Gibt es eine Legitimierung allein durch die Paralogie? *Innovation* wird vom System benutzt, um seine Effizienz zu verbessern. *Paralogie* ist grundlegender, sie gehört zur Hervorbringung des Wissens selbst. Die Betonung muß auf den Dissens, nicht auf den Konsens gelegt werden. Es kommt immer jemand, der die Ordnung eines Wissensparadigmas stört. Es gibt eine Macht (puissance), die die Erklärungsfähigkeit immer wieder destabilisiert und neue Normen des Begreifens manifestiert. Dieser Prozeß ist nicht regellos (es gibt Klassen von Katastrophen), aber immer nur lokal, nicht allgemein bestimmt. »Entdeckungen« sind daher unvorhersehbar.

Deshalb hat die Systemtheorie mit ihren Legitimationsstrategien im wissenschaftlichen Forschungsprozeß keine Grundlage. Die Wissenschaft funktioniert nicht so; und die Gesellschaft kann auch nicht so beschrieben werden. Die Systemtheorie hat ihre Vorteile, sie »verlangt klare Geister und kalte Willen«[13], hat aber ihren Preis: Sie kennt keine von den neuen Technologien unabhängigen Variablen. Daraus resultiert der Hochmut der Entscheidungsträger und ihre Blindheit. Dieser Hochmut bedeutet, daß sie sich mit dem als Totalität verstandenen sozialen System identifizieren. In der Wissenschaft ist diese Identifikation aber unmöglich. Dort kann man gerade nicht vorentscheiden, ob eine Forschungsrichtung oder Bestrebung eines Forschers effizient sein wird. Wenn die gelehrten Institutionen einem neuen Spielzug den Mindestkonsens verweigern (ihn nämlich wenigstens anzuhören), weil er die Spielregeln verändert, verhalten sie sich genauso terroristisch wie das von Luhmann beschriebene System. Terror ist die Eliminierung oder Androhung der Eliminierung eines Mitspielers aus dem Sprachspiel. Der Hochmut der Entscheidungsträger, der im Prinzip im wissenschaftlichen Forschungsprozeß kein Äquivalent besitzt, reduziert sich auf die Ausübung dieses Terrors[14].

Wissenschaft stellt gerade das Antimodell des stabilen Systems dar. Jede Aussage ist festzuhalten, sobald sie einen Unterschied zum Bekannten enthält, sobald sie argumentier-

oder beweisbar ist. Sie ist ein Modell eines »offenen Systems«[15]. Es gibt in ihr keine allgemeine Metasprache. Damit ist die Identifikation mit dem System und letztlich auch der Terror verboten. Wenn es so etwas in der Forschungspraxis doch gibt, dann gehört es der sozioökonomischen, nicht der wissenschaftlichen Pragmatik an. Die einzige Legitimierung, die es im Forschungsprozeß letztlich gibt, ist, daß Ideen, neue Aussagen hervorgebracht werden.

Die *soziale Pragmatik* ist viel komplizierter als die wissenschaftliche. Können diese Gedanken trotzdem auf sie übertragen werden? Gibt es in der Politik also ebenfalls eine Legitimation durch die Paralogie?

Das Performativitätskriterium jedenfalls ist zynisch, und gegen Habermas' Suche nach einem universellen Konsens sprechen zwei Überlegungen: alle Sprecher werden sich nicht über Regeln oder über eine für alle Sprachspiele universell gültige Metapräskription einigen, denn diese sind vielgestaltig und haben vielfältige Regeln. Ziel bei Habermas ist der Konsens. Lyotard hält dagegen, daß der Konsens nur ein Zustand der Diskussion und nicht ihr Ziel ist; das ist vielmehr die Paralogie. Habermas muß, um gegen die Systemtheorie argumentieren zu können, auf die Idee zurückgreifen, daß die Menschheit als universelles Subjekt ihre gemeinsame Emanzipation mittels der Regelung in allen Sprachspielen erlaubter Spielzüge anstrebt. Der Diskurs ist das letzte Hindernis gegen die Theorie des stabilen Systems. Habermas' »Sache ist gut, aber die Argumente sind es nicht«[16]. Der Konsens ist ein veralteter und suspekter Wert. Man muß vielmehr zu einer Idee und Praxis der Gerechtigkeit gelangen.

Ein erster Schritt dazu ist die Anerkennung der Vielgestaltigkeit der Sprachspiele – der Terror nimmt ihre Gleichförmigkeit an und will diese durchsetzen. Der zweite Schritt: Es gibt nur einen lokalen Konsens über Regeln, d.h. er wird nur von gegenwärtigen Mitspielern erreicht und ist Gegenstand eventueller Auflösung. Im sozialen Bereich ersetzt dementsprechend der zeitweilige Vertrag die permanente Institution. Das ist ja tatsächlich heute »in beruflichen, affektiven, sexuellen, kulturellen, familiären und internationalen Bereichen wie in den politischen Angelegenheiten«[17] zu beobachten. Diese Evolution ist zweideutig, ein wenig trägt sie auch zur Systemstabilisierung bei: Es wird flexibler, billiger etc. Es geht also nicht darum, eine »reine« Alternative zum System vorzuschlagen. Man muß froh sein, daß das System die Tendenz zum zeitweiligen Vertrag toleriert.

Die Informatisierung (so heißt in Frankreich die Computerisierung) wirkt sich hier aus: sie kann entweder das erträumte Kontroll- und Regulierungsinstrument des Systems des Marktes werden, das zum Wissen selbst erweitert wird und ausschließlich dem Prinzip der Performativität/Effizienz gehorcht. Oder die Computerisierung dient den über die Metadeskriptionen diskutierenden Gruppen, indem sie ihnen Informationen gibt, um in Kenntnis der Sachlage zu entscheiden. Im Prinzip ist die zu verfolgende Linie, um die Computerisierung im letzteren Sinn umzulenken, sehr einfach: »Die Öffentlichkeit müßte freien Zugang zu den Speichern und Datenbanken erhalten«[18]. Der Wunsch nach Gerechtigkeit und der nach Unbekanntem könnten dann gleichermaßen respektiert werden, »der Vorrat an Erkenntnissen, der der Vorrat der Sprache an möglichen Aussagen ist, ist unerschöpflich«[19].

Festzuhalten bleibt hier der Gedanke, daß im Unterschied zur Wissenschaft, wo es einen Minimalkonsens geben kann, nämlich jede Idee im Prinzip erst einmal anzuhören, der soziale Bereich zu komplex, zu gegensätzlich hierfür ist. Hier ist jeweils nur ein partieller Konsens möglich. Die Computerisierung hilft, ihn auf wichtige Teilbereiche auszudehnen.

Das postmoderne Wissen mündet also in die offene Frage nach einer Theorie der Gerechtigkeit, die sich auf der wissenssoziologischen und wissenschaftstheoretischen Basis dieses

Buches nicht beantworten läßt. Hierzu bedürfte es einer viel weiter gedachten philosophischen Grundlage, die Lyotard im *Widerstreit* zu entwickeln versucht.

4. Exkurs: Gödels Unvollständigkeitssatz und Lyotards Wissenschaftstheorie

Im dreizehnten Kapitel von *Das postmoderne Wissen* sucht Lyotard in der krisenhaften Entwicklung der Grundlagendiskussion von Mathematik und Naturwissenschaften nach Bestätigungen für seine gegen die Vorstellung einer Einheit des Denkens gerichtete Konzeption. Vor allem Kurt Gödels Unvollständigkeitstheorem gehört zum Katechismus postmodernen Denkens. Für den Leser dieser Einführung dürften deshalb einige Hinweise auf den Zusammenhang und die Einordnung dieses Theorems nützlich sein.

Gödel hat 1931 in der *Monatsschrift für Mathematik und Physik* Nr. 38 einen Aufsatz mit dem Titel »Über formal unentscheidbare Sätze der Principia Mathematica und verwandter Systeme« veröffentlicht, in dem er – kurz gesagt – zeigt, daß die Axiome der Arithmetik insofern unvollständig sind, als es arithmetische Aussagen gibt, die für die natürlichen Zahlen wahr, aber nicht aus den Axiomen beweisbar sind. Die Widerspruchsfreiheit eines Systems läßt sich mit den Mitteln dieses Systems nicht beweisen.

Man kann diesen Gedanken verallgemeinern; dann folgt, daß man grundsätzlich über ein formales System hinausgehen muß in eine Metasprache, die letztlich immer die »natürliche Sprache« oder »Alltagssprache« ist. Sie ist universell, da sich alle anderen Sprachen in sie übersetzen lassen. Sie wirft nur ein wesentliches Problem auf: Sie läßt die Bildung von Paradoxa zu. Es gibt also letztlich keine vollständigen, widerspruchsfreien, konsistenten Systeme, weil sie immer wieder in der inkonsistenten Alltagssprache verankert werden müssen.

Natürlich bringt das die Wissenschaftsentwicklung nicht zum Zusammenbruch. Die Wissenschaften verdanken ihr Regelsystem der Existenz einer Sprache, »deren Funktionsregeln selbst nicht bewiesen werden können, aber Gegenstand eines Konsens der Experten sind«[1]. Zumindest teilweise sind diese Regeln Forderungen, Postulate. Sie gehören nicht dem Sprachspiel der Wahrheit an, das die Wissenschaft doch eigentlich begründet, sondern sind moralischer, präskriptiver Art[2]. Diese Überlegungen, die an Gödel und z.T. auch an Alfred Tarski anknüpfen[3], können gar nicht ernst genug genommen werden, folgt aus ihnen doch »eine entscheidende Verschiebung der Idee der Vernunft. Das Prinzip einer universellen Metasprache (métalangage universel) ist durch das der Pluralität formaler und axiomatischer Systeme ersetzt«[4].

Lyotard bestreitet zweierlei: die Einheit der Vernunft und die Einheit der Sprache. Einzelne Sprachspiele sind durchaus in sich konsistent denkbar – nach der übertragenen Anwendung von Gödels Theorem aber letztlich unvollständig, d.h. auf eine (inkonsistente) Metasprache angewiesen. Kann diese Konzeption als Sprachspielrelativismus angesehen werden? Lyotards Argumente wirken in der Tat relativierend auf eindimensionale Wahrheitsansprüche. Aber konsequent relativistisch ist seine Position nicht. Er nimmt diesen Ausdruck auch nicht für sich in Anspruch. Ein zu Ende gedachter Relativismus würde sich selbst aufheben, weil die Formel »alles ist relativ« entweder absolut gilt, also gerade das Gegenteil dessen wäre, was behauptet werden soll, oder auch nur relativ gemeint ist – dann aber müßte der Relativist sich schon geschlagen geben, denn dann wäre einiges relativ, anderes aber nicht. Und mehr, als das es einiges gibt, was nicht relativ ist, haben Kritiker des Relativismus auch nie behauptet. Ein konsequent relativistisches Denken ist also aporetisch. Nun könnte man sagen: gut, und da die Alltagssprache tatsächlich Aporien zuläßt, hätte Lyotard das relativistische Denken sprachphilosophisch begründet. Das ist eine denkbare Lyotard-Interpretation, die durchaus zulässig sein mag, da er an diesem Punkt einiges offen läßt und anderes nur andeutet.

Ich schlage eine etwas andere Interpretation vor: Die Behauptung, daß die Alltagssprache auch Paralogismen und Paradoxien zuläßt, muß immerhin schon gewisse logische Strukturen implizit voraussetzen, vor denen Gedanken oder Schlüsse überhaupt erst als paradox, als unlogisch erscheinen können. Ohne es ausdrücklich zu reflektieren, hält auch Lyotard an der allgemeinen Geltung des Logischen fest. Anders könnte er von Paralogien und Paradoxen gar nicht reden. Daß er sich nun auf die Seite der Paralogie stellt, ist eine Besonderheit seiner Philosophie.

»Modernes« Denken würde sich nach Kräften bemühen, die Paralogien aufzulösen. Postmodernes Denken steuert bewußt auf sie zu. Könnte man sagen, daß Lyotard sie sogar für wünschenswert hält? Manche seiner Überlegungen klingen so. Nun, wünschenswert sind sie sicherlich in dem Sinne, daß sie terroristische Vereinheitlichungsversuche immer wieder gefährden und mit der Auflösung bedrohen. Hier liegt – neben dem logischen – ein zweiter verborgener, impliziter Allgemeinheitsanspruch seines Denkens: Kein Diskurs soll unterdrückt werden, es soll eine Art Diskursgerechtigkeit gelten. Damit ist in Lyotards Überlegungen auch ein moralischer Anspruch enthalten – wie immer Diskursgerechtigkeit im einzelnen aussehen mag.

Das Geltenlassen der Vielfalt ist natürlich kein Vereinheitlichungsanspruch – man kann dies Geltenlassen aber überhaupt nur als moralischen Grundsatz postulieren, wenn man sich auf eine reflektierende, also in gewisser Weise höhere

Ebene begibt, von der aus man die Vielzahl der Einzeldiskurse überblickt. Ein solcher Diskurs wäre auch nur ein Diskurs neben anderen – aber doch einer mit einem Allgemeinheitsanspruch, weil er nämlich eine Aussage über alle anderen macht. Im Grunde sind es diese verborgenen Allgemeinheiten in Lyotards Denken, an denen weitergedacht werden muß. Von ihnen aus ließen sich eine Logik und eine Ethik denken, die beide im Kern letztlich doch nicht-relativistisch wären.

Lyotards Anknüpfung an Gödels Theorem zeigt, welche Bedrohung dieser zunächst ausschließlich der Mathematik zugehörige Beweis für ein auf Einheit ausgerichtetes Denken darstellt. Ich will aber nicht verschweigen, daß es ernstzunehmende philosophische Einwände gegen allzu weitreichende Folgerungen aus Gödels Unvollständigkeitstheorem und verwandten Konstruktionen gibt. Solche Antinomien entstehen immer dann, wenn sprachliche Systeme selbstbezüglich werden. Es könnte nun aber sein, daß solche Selbstbezüglichkeiten in bestimmten Fällen einfach unvermeidlich und unausweichlich sind, nämlich immer dann, wenn man auf Letztbegründungsfragen zusteuert. Ein Selbstbezug wäre nur dann ein logischer Fehler, wenn er undurchschaut bliebe. Er könnte aber, wenn man seine Notwendigkeit durchschaut, »unbedenklich« sein[5].

Das gegenwärtig meistdiskutierte Beispiel für die bislang unwiderlegte Durchführung einer solchen Argumentation ist Karl-Otto Apels und Wolfgang Kuhlmanns »reflexive Letztbegründung«, die einen notwendigen Zirkel aufdeckt und zum Kern des eigenen Denkens macht: Vernünftiges Argumentieren ist insofern unhintergehbar, als derjenige, der es bezweifeln will, das seinerseits nur mit vernünftigen Argumenten tun kann. Zugegeben, das ist eine vielleicht zu weit gehende Verknappung des Kerngedankens; aber wer beginnt, sich in dieses Argument hineinzudenken, wird ohnehin bei Apel und

Kuhlmann nachlesen wollen[6]. Mir geht es an dieser Stelle nur um den Hinweis darauf, daß dies der große Gegenpol zu Lyotards Denken in der heutigen philosophischen Diskussion ist.

Das Letztbegründungsargument kann verstanden werden als ein Weiterdenken von Martin Heideggers Überlegung, bei Fundamentalfragen sei der hermeneutische Zirkel unvermeidlich. Statt ihn ausschließen zu wollen, komme es darauf an, richtig in ihn hineinzuspringen[7].

Von diesen beiden Polen gegenwärtigen philosophischen Denkens kommt die Minderheiten- und Außenseiterposition, wenn es denn so etwas gibt, keineswegs den postmodernen Denkern zu, wie man vielleicht meinen könnte. Im Gegenteil: die Unmöglichkeit der Letztbegründung erscheint den meisten gegenwärtig lebenden Philosophen so sonnenklar und selbstverständlich, daß sie kaum noch darüber nachdenken[8]. Lyotard dramatisiert eigentlich nur die Folgerungen aus weitverbreiteten Einsichten.

Es ist nicht allein Gödels Theorem, das herkömmliche philosophische Gewißheiten und den Glauben an die ständige Vervollkommnung unseres Wissens und unserer Handlungsmöglichkeiten erschüttert. Quantentheorie und Mikrophysik führen zu verwandten Überlegungen. Werner Heisenbergs Unschärferelation ist längst Allgemeingut derartiger Diskussionen[9]. Aber Lyotard kann noch ganz andere Beispiele anführen. Der französische (in Polen geborene, in Harvard lehrende) Mathematiker Benoit Mandelbrot hat z. B. die »Fractals« entdeckt, Kurven, die umso komplizierter aussehen, je genauer sie betrachtet werden. Solche geometrischen Objekte können von Computern durch unbegrenzt wiederholte Operationen erzeugt werden. Nach Mandelbrots Meinung entspricht eine solche fraktale Deutung der Natur viel eher als die Grundmuster der klassischen Geometrie: »Die Natur hat der klassischen Geometrie ein Schnippchen geschlagen. Denn Wolken sind eben keine Kugeln, Berge keine Kegel, Inseln keine Kreise und Baumstämme keine Zylinder. Ebenso bewegt sich ein Blitz nicht auf einer Geraden. Und die Oberfläche der Planeten ist nicht glatt«[10]. Lyotard denkt in diesem Zusammenhang an die Küste der Bretagne[11] oder an die mit Kratern bedeckte Oberfläche des Mondes. Diese Naturphänomene entsprechen annähernd Kurven, die stetige, nicht ableitbare Funktionen wiedergeben und die sich für die Anschauung zwischen Linie und Fläche befinden. Ihre Dimension ist also nicht ganzzahlig, sondern gebrochen; deshalb nennt Mandelbrot sie fraktale (gebrochene) Objekte[12].

Außer auf Mandelbrot stützt sich Lyotard auf René Thom, der eine mathematische Sprache entwickelt hat, die es erlaubt, sogenannte katastrophische Diskontinuitäten zu klassifizieren. Nach dieser Theorie gibt es nur Inseln des Determinismus in einem allgemeinen Agonismus – der dann in einem gewissen Sinn die übergeordnete Regel wäre[13].

5. Herkunft des Begriffs und »Beantwortung der Frage: Was ist postmodern?«

Bernard Blistène: »Was ist denn
nun die Postmoderne?«
J.-F. Lyotard: »Ich bemühe mich zwar
zu verstehen, was sie ist,
aber ich weiß es nicht.« [1]

Der Begriff »postmodern«, vereinzelt schon seit etwa 1940 im englischen Sprachraum anzutreffen, hat vor allem in den USA seit 1960 zunehmende Verbreitung in der Literaturkritik gefunden [2]. Er wurde sehr bald auf die Kunstkritik übertragen und 1975 durch Charles Jencks auch auf die Architektur [3].

Aus einer Reihe von Gründen ist der Begriff unklar und schillernd:

Erstens hängt es von der Definition der »Moderne« ab, was nun unter »postmodern« zu verstehen ist. Man kann »postmodern« als nach-neuzeitlich definieren, und den Beginn der Neuzeit ungefähr mit der Entdeckung Amerikas und der kopernikanischen Revolution des europäischen Weltbildes ansetzen. Man kann, wie es in der Literaturwissenschaft nicht ungewöhnlich ist, die Moderne mit der Romantik beginnen lassen; oder mit Baudelaire (»Man muß absolut modern sein«); oder, wie in der Architektur, mit dem Bauhaus in der ersten Hälfte des 20. Jahrhunderts.

Zweitens bezeichnet »postmodern« in den meisten Fällen etwas, das noch im Entstehen ist. Der Begriff läßt sich schon aus diesem Grund nicht verbindlich festlegen. Nach jedem gegebenen Zeitpunkt sind immer mehrere Entwicklungen möglich. Eine Kunstkritik, die hier festlegende Vorgaben machen würde, kann sich eigentlich nur als Dogmatismus blamieren.

Drittens enthält der Begriff »postmodern« einen merkwürdigen inneren Widerspruch. »Modern« bezeichnete ja gerade das Neueste. Wenn man diesen Begriff nun aber wie »Barock« oder »Expressionismus« historisiert, tut man einem definitorisch-logischen Verständnis von Sprache einigen Zwang an. Eigentlich müßte der Begriff »modern« immer mit der Gegenwart mitlaufen; »postmodern« könnte es dann gar nicht geben. Sprache ist aber auf diese Weise offenbar nicht festzulegen, sie wächst historisch, sie kann auch Widersprüche aushalten und Unklarheiten neuer Sinnentwicklungen ausdrücken. Ein rein logisch-definitorisches Sprachverständnis könnte nur eine technische Kunstsprache hervorbringen, die den Phänomenen nicht gewachsen wäre.

Dieses Schillernde des Begriffs »postmodern« ist ein wesentliches Moment der affektiven Ablehnung, auf die er häufig stößt. Verfechter der Postmoderne wie Charles Jencks haben sich, um dieser Kritik die Spitze zu nehmen, um klare und eindeutige common-sense-Definitionen bemüht, die bei Jencks eng mit einer am Benutzerstandpunkt orientierten Kritik der klassischen Architekturmoderne verbunden ist: »Die moderne Architektur hatte aufgehört, glaubwürdig zu sein, weil sie weder in der Lage war, eine echte Verständigung mit den Letztbenutzern zustande zu bringen – mein Hauptargument in meinem Buch *Die Sprache der postmodernen Architektur* – noch ihr eine wirkliche Verbindung mit der bestehenden Stadt und ihrer Geschichte gelungen war. In dieser Situation sah ich jedoch eine Lösung – die post-moderne: eine Architektur nämlich, die professionell fundiert *und* populär zugleich war, die neue Techniken *und* alte Muster integrierte«[4].

In der Architektur gibt es ein soziales Interesse am Tod des Modernismus[5]. Es resultiert aus:
- der Zerstörung der Innenstädte und der zunehmenden Unzufriedenheit der Bürger damit,
- dem unzulänglichen Versuch, soziale Probleme ausschließlich mit technischen Lösungen anzugehen,
- dem billigen und schlechten Material,
- den ungegliederten Fassaden und Fluren,
- der Bunkerähnlichkeit der Parterrebereiche von Gebäuden,
- der Unverständlichkeit der Sprache der modernen Architektur für die meisten Menschen, die damit umgehen sollten.

Charles Jencks bemüht sich, den Begriff »postmodern« als engen, positiv definierten Kampfbegriff durchzusetzen gegen eine Architektur der bizarren Formen, grellen Farben und herausgekehrten High-Tech-Elemente (etwa am Pariser *Centre Pompidou*). Derartige Bauten versteht Jencks als spätmodern, als konsequente Steigerung des Modernismus. Nicht jeglicher Bruch mit dem Hochmodernismus soll nach Jencks als postmodern gelten können; denn er will auf den Bruch mit der »Tradition des Neuen« und Neuesten hinaus. Er beabsichtigt eine vollständige Neubesetzung der Kategorien. Dementsprechend ist für ihn das meiste, was von Ihab Hassan, von Jean Baudrillard, Frederic Jameson und auch Lyotard als postmodern bezeichnet wird, in Wirklichkeit »spät«[6].

Jencks hält Lyotards Konzeption der Postmoderne für einen schlichten Irrtum, entstanden durch die Verführungskraft der Vorsilbe »post-«, durch die Vermengung des Postmodernismus mit dem jeweils Allerneuesten. Deshalb komme Lyotard zu einer Vorstellung der »ewigen Avantgarde« (dazu Näheres im Kapitel über Lyotards Ästhetik), des kontinuierlichen Experiments, der ständigen Kunstrevolution. Lyotard würde also an der Innovationsästhetik, einem der Hauptcharakteristika der Moderne, festhalten, statt die Jagd nach dem immer Neuen zugunsten differenzierter, auf mehreren Ebenen verständlicher Formen zu überwinden.

Charles Jencks' Einwände müssen sehr ernst genommen werden. Sein Anspruch allerdings, Lyotards »falscher« eine »richtige« Begriffsdefinition entgegenzusetzen, ist so nicht haltbar, weil es sich dann wiederum nur um eine Dogmatisierung handeln würde. Lyotards Verwendung des Begriffs »postmodern« zielt auf etwas völlig anderes als Jencks, weil er nicht auf eine Periode nach irgendeiner Moderne, wie immer sie definiert sei, hinauswill, sondern auf die kritische Durchdringung der Moderne selbst, mit Mitteln der Philosophie, aber auch der avantgardistischen Kunst, die ja ein extremes Ausspielen von möglichen Realitätsbezügen beinhaltet.

Da der Begriff »postmodern« aber in der Tat die Vorstellung einer historischen Periodisierung weckt, kommt Lyotard selbst zu der Vermutung, er sei »wahrscheinlich ein recht unglücklicher Ausdruck«[7]. Periodisierung selbst ist für Lyotard noch eine »klassische« oder »moderne« Vorstellung. »Postmodern« soll stattdessen einfach einen Gemüts- oder vielmehr Geisteszustand bezeichnen[8]. Es geht ihm also um einen nicht-chronologischen Postmodernebegriff.

Jean-Loup Thébaud berichtet im *Magazine littéraire*[9], daß Lyotard ihm im Vertrauen gesagt habe, er habe das Wort »postmodern« ein wenig wie in einer Laune in die Debatte geworfen. 1985 hat er erklärt, er habe das Wort gewählt, gerade weil es keine besondere Konsistenz zu haben schien – denn es sollte lediglich signalisieren, daß irgendetwas an der Moderne im Verfall begriffen war[10].

Der Begriff »postmodern« ist sicherlich dem, was Lyotard mitteilen will, eher äußerlich; andererseits hat aber die erstaunliche Karriere dieses Begriffs ihn gezwungen, sich durch Richtigstellungen und Ausdifferenzierungen immer wieder mit diesem Phänomen zu befassen, und so sicherlich auch Lyotards Denken geprägt.

In einem Aufsatz des Bandes *Postmoderne für Kinder*, nämlich dem Text »Notizen über die Bedeutung von ›post-‹«, hat er sich denn auch mit der gegenwärtigen postmodernen Architektur auseinandergesetzt[11]. Für diese Architektur ist nach Lyotard die Aufgabe des engen Bandes zwischen Bauen und sozialen Fortschrittsideen charakteristisch. Er hält das für problematisch, weil das Präfix »post-«, so verstanden, eine Aufeinanderfolge beinhaltet, die aus einer Art Bekehrung zu einem neuen Denken resultiert. Genau das ist aber eine vollkommen moderne Idee. Das Problem liegt darin, daß die Vergangenheit vergessen und unterdrückt werden soll – aber sich immer wieder wie in zwanghaften Träumen durch Zitate und Wiederholungen Bahn bricht.

Der Fortschritts- und Emanzipationsgedanke ist in den letzten beiden blutigen Jahrhunderten gescheitert, was Lyotard durch Eigennamen, Ortsnamen, Personennamen zu belegen versucht, z.B. Auschwitz. Auch die Entwicklung der Techno-Wissenschaften kann man nicht mehr Fortschritt nennen, weil sie sich aus ihrer eigenen Motorik heraus fortsetzt, nicht aus dem Bedürfnis der Menschen. Der Komplexitätsdruck der Moderne scheint unsere Bedürfnisse nach Sicherheit, Identität, Glück, also unsere unmittelbare Existenz als soziale und lebendige Wesen an den Rand zu drängen. Im übrigen ist das Projekt der Moderne auch deshalb gescheitert, weil es, obwohl für die gesamte Menschheit gedacht, mindestens die Hälfte vor die Frage des nackten Überlebens stellt (er meint den Hunger in der Dritten Welt).

Die Aufgabe heißt damit: kritische Suche nach den in der Moderne enthaltenen Voraussetzungen. Die Anbindung an den Fortschritts- und Emanzipationsgedanken will Lyotard im Grunde ersetzen durch die Anbindung an einen Analysegedanken, wobei die Psychoanalyse als Ur-Bild dient – im streng metaphorischen Sinn, weil ihre Methode nicht übernommen wird. Er möchte das »post« im Wort postmodern so verstanden wissen, daß es kein Zurück, keine Wiederholung bedeutet, sondern einen Prozeß des »ana« im Sinne von Analyse, Anamnese usw.[12], als Abarbeitung des ursprünglich Vergessenen. Andernfalls sind wir dazu verurteilt, die »modernen Neurosen«, die abendländische Schizophrenie und Paranoia zu wiederholen. In der Architektur wäre das Oberflächlichkeit, bloßes Zitat usw.

Postmoderne, wie Lyotard sie versteht, kommt nicht nach dem Ende des Modernismus, sie bezeichnet vielmehr den Zustand vor dessen Geburt. Er formuliert das in einem Paradox: »Ein Werk ist nur modern, wenn es zuvor postmodern war«[13].

Dieses Paradox läßt sich so auflösen: Postmodern ist das avantgardistische Experimentieren im Zeitalter seiner Entstehung, wo es gegen Konventionen, gegen Konsens, gegen den Geschmack verstößt. Modern wäre dagegen der Versuch, wieder Einheit, Realismus zu liefern, Ordnungen zu errichten, die Avantgarde zu liquidieren – übrigens auch dann, wenn solche Tendenzen unter dem Schlagwort »postmodern« auftreten. Postmodern ist das Bewußtsein, das keine Versöhnung zwischen verschiedenen Sprachspielen erwartet.

Jeder Versöhnungsglaube wäre eine Illusion, für die der Preis des Terrors zu entrichten wäre. Lyotards Konzept heißt: »Krieg dem Ganzen, zeugen wir für das Nicht-Darstellbare, aktivieren wir die Differenzen, retten wir die Ehre des Namens«. Diese Pathosformel ist der Schluß seines Aufsatzes »Beantwortung der Frage: Was ist postmodern?«[14]. Die Anspielung des Titels auf Kants Aufsatz »Beantwortung der Frage: Was ist Aufklärung« von 1784 – und damit der programmatische Anspruch – ist überdeutlich. Man sollte aber Lyotards einschränkende Hinweise, die er in seinem Gespräch mit Bernard Blistène gab, ernst nehmen: die Diskussion um die Postmoderne steht erst am Anfang – wie damals, als Kant seinen Text formulierte, die Diskussion um die Aufklärung. Und irgendwann wird sie »aufhören, ohne abgeschlossen zu sein«[15].

Für die Zeitschrift *Babylone* hat Lyotard 1982, also zur Entstehungszeit des *Widerstreit*, einen kleinen Text geschrieben: »Rasche Bemerkung zur Frage der Postmoderne«[16]. Mit diesem Text erhebt er keinen theoretischen Anspruch – er ist ein Essay, ein Versuch, der eben dadurch einige problematische Punkte deutlicher zuspitzen kann: »›Kapitalismus‹ ist einer der Namen der Moderne«[17]; in seinem aufs Unendliche gehenden Ausdehnungsdrang beginnt er auch die Sprache zu besetzen, sie in eine produktive Ware zu verwandeln. Sie wird in Informationsquanten berechenbar gemacht. Welche Folgen das haben wird, beginnen wir erst zu sehen. Den Begriff der Entfremdung hält Lyotard allerdings für ungeeignet, um die daraus resultierenden Probleme zu erfassen.

Jedenfalls lenkt diese Entwicklung die Aufmerksamkeit auf die Struktur der Sprache. Die großen Entdeckungen der wissenschaftlichen, literarischen und künstlerischen Avantgarden in diesem Jahrhundert laufen darauf hinaus, daß die Sprache kein Kommunikationsinstrument ist, daß die Vorstellung von Sprache als Information flach ist, daß es nur Inseln von Sätzen gibt, »die ungleichartigen Ordnungen angehören, so daß es unmöglich ist, einen Satz aus einer Ordnung« in einen Satz aus einer anderen Ordnung zu übersetzen[18]. Postmodern ist die Suche nach der Inkommensurabilität zwischen Satzordnungen, nach ihrer gegenseitigen Unübersetzbarkeit. In diesem Sinne sind Freud, Marcel Duchamp, Niels Bohr, Gertrude Stein, aber auch schon Rabelais und Sterne postmodern: sie betonen die Paradoxien, die ein deutliches Anzeichen dieser Inkommensurabilität sind. Insoweit sie ihren Akzent darauf legt, kann man Teile der französischen Philosophie der letzten Jahre ebenfalls postmodern nennen:

– Derrida: die Dekonstruktion der Schrift,
– Foucault: die Unordnung des Diskurses,
– Serres: die erkenntnistheoretischen Paradoxien,
– Lévinas: die Alterität, das Erscheinen des Anderen,
– Deleuze: die Sinneffekte, die aus nomadischen Begegnungen resultieren.

Liest man jetzt und mit diesen Namen im Kopf Adorno, insbesondere Texte wie die Ästhetische Theorie, die Negative Dialektik oder Minima Moralia, so gewahrt man, wie sehr er in seinem Denken das Postmoderne vorwegnahm, obschon er ihm oftmals zurückhaltend, wenn nicht ablehnend gegenüberstand.[19]

Lyotard etabliert hier eine Perspektive, in der Kapitalismuskritik transformiert wird zur Suche nach Inkommensurabilitäten in der Sprache. Diese zunächst erstaunliche Sichtweise wird verständlicher, wenn man berücksichtigt, daß für ihn das soziale Band Sprache ist, »Geld ist seinerseits nur ein Aspekt von Sprache«[20]. Anders als Marx, der den Kapitalismus als System betrachtete, versucht Lyotard ihn als Sprachfigur zu sehen. Dahinter stecken diverse Theorietendenzen; vor allem wohl die soziologische Überlegung von einer Wandlung der Industriegesellschaft zur Informationsgesellschaft[21].

Lyotard ist weder Soziologe noch Ökonom. Die Theorien von Daniel Bell und Alain Touraine über die postindustrielle Gesellschaft sind für ihn Hintergrundphänomene, deren Ausgangspunkte er nicht selber analysiert und diskutiert. Statt hinter sie zurückzufragen versucht er, einen Schritt weiter zu gehen und mittels einer philosophischen Kritik des Informationsbegriffs zu seiner spezifischen Form sprachanalytisch orientierten Denkens zu kommen: Sprache ist anders und mehr als Information, deshalb kann sie letztlich nicht stromlinienförmig eingepaßt werden, sondern enthält ein Widerstandspotential. Hierzu wird im folgenden noch einiges zu sagen sein.

6. Das »Grabmal des Intellektuellen« – die neue Bescheidenheit von Schriftstellern und Philosophen

Der Text *Grabmal des Intellektuellen* erschien zuerst in *Le Monde* vom 8. Oktober 1983. Es handelt sich um eine der vielen Antworten auf einen Artikel des damaligen Regierungssprechers und Ministers Max Gallo, der in *Le Monde* vom 26. Juli 1983 unter dem Titel »Les intellectuels, la politique et la modernité« das »Schweigen der Intellektuellen« beklagt hatte. Die sozialistisch-kommunistische Regierung war nach ihrem grandiosen Wahlsieg von 1981 seit zwei Jahren an der Macht. Ihre Wirtschafts- und Sozialpolitik war zu diesem Zeitpunkt schon gescheitert, ihre gegen die Konfessionsschulen gerichtete Bildungsreform fand nur wenig Zustimmung. Sie ist dann ein Jahr darauf nach einer Welle von rechten Massendemonstrationen mit über zwei Millionen Teilnehmern zurückgenommen worden. Die Rechte hatte an dieser Frage mehr Menschen mobilisieren können, als es der Linken in Frankreich je gelungen war. Das Klima der öffentlichen Meinung war gegen die Sozialisten gerichtet.

Der Regierungssprecher artikulierte seine Verwunderung: hatten die französischen Intellektuellen sich nicht immer für Veränderung, Reform, Revolution eingesetzt? Warum nun diese Distanz? Der Regierung fehlte alles, was für eine konsequente Reformpolitik nötig ist: eine soziale Mobilisierung der Arbeiterschaft war kaum vorhanden, neue soziale Bewegungen gab es in Frankreich nicht – und nun zu allem Überfluß noch diese feindselige Stille der Intellektuellen. Diese hatte verschiedene Motive:

Erstens war das Reich der Intellektuellen seit Voltaire eine Art Gegenwelt zur herrschenden Politik, kritische Opposition. Ein parlamentarischer Regierungswechsel war nichts, was diese Haltung hätte verändern können.

Zweitens hatte sich seit 1973, seit der durchschlagenden Wirkung von Solschenizyns *Archipel Gulag* in der französischen Intelligenz ein tiefsitzendes Mißtrauen gegen linkes Politikertum breitgemacht, gegen eine Haltung, die um der einheitlichen Politik gegen rechts willen die Verbrechen verschwieg, die in der Sowjetunion im Namen des Sozialismus geschahen. Dieses Politikertum hatte die französische Intelligenz bis in die Lehrerschaft hinein in den fünfziger und sechziger Jahren geprägt. Jean-Paul Sartres aufregendes Hin und Her zwischen Stalinismuskritik und Verschweigen der Lager in den fünfziger Jahren, die berühmten »Irrtümer Sartres«, sind der auch außerhalb Frankreichs bekanntgewordene prominenteste Ausdruck dieser Haltung. Simone de Beauvoir hat all das in *Die Mandarine von Paris* sehr kritisch beschrieben. Dorthin wollte keiner zurück, keiner wollte mehr aus Rücksicht auf »die Gesamtinteressen der Linken« oder gar die »Emanzipation der Menschheit« die Verbrechen, die in deren Namen begangen wurden, schweigend hinnehmen.

Drittens war damit eigentlich nur eine verlogene Art von Intellektualität diskreditiert worden, nämlich die, die einen halbierten Universalismus predigte: Unterdrückung wurde nur angeprangert, wenn sie nicht von aus irgendeinem Grund als »fortschrittlich« angesehenen Kräften, sei es in der 2. oder 3. Welt, ausgeübt wurde. Auch in Frankreich hatte es immer prominente Kritiker dieser Haltung gegeben. Die bekanntesten sind Albert Camus und Raymond Aron. Ein Intellektueller, der einen wirklichen Universalismus predigte, der sich dann an den Menschenrechten zu orientieren hätte, war durch eine solche Kritik nicht diskreditiert. André Glucksmann hat daraus übrigens die Konsequenz gezogen, an der Figur des politisierenden Intellektuellen positiv festzuhalten. In *Die Macht der Dummheit*[1] schreibt er eine »Verteidigung des Intellektuellen«, der sich an aufklärerischen, universellen Werten orientiert, aber von der Predigt Abschied nimmt.

Lyotards Antwort auf Max Gallos Frage nach dem Schweigen der Intellektuellen geht weiter. Charakteristisch für Lyotards Herangehensweise ist, daß er schlicht konstatiert, statt zu kritisieren. Seine Ausgangsdefinition: Intellektuelle sind

> Geister, die vom Standpunkt des Menschen, der Menschheit, der Nation, des Volkes, des Proletariats, der Kreatur oder einer ähnlichen Entität aus denken und handeln. Sie identifizieren sich mit einem Subjekt, das einen universellen Wert verkörpert.[2]

Nur die Idee eines universellen Subjekts konnte Voltaire, Zola oder Sartre ihre ungeheure Autorität verschaffen. Diese Universalität ist heute in Frage gestellt. Die Trennung der verschiedenen Bereiche von Kunst, Politik, Philosophie führt zwar zu Höchstleistungen in Teilbereichen, aber nicht zu einer automatischen Übertragung der in einem Bereich erworbenen Kompetenz auf andere Lebensbereiche. Jemand, der ein guter Schriftsteller ist, hat damit noch keine besondere Autorität als Bürger. Das Wesen eines Intellektuellen ist die Übertragung des Namens, den er in einem Bereich erworben hat, in einen anderen[3]. Das ist eine Verwechslung der Ebenen, eine unzulässige Anmaßung, und wäre nur dann legitim, wenn eine Art von Universalität ungebrochen in Geltung wäre. Man hatte z.B. die internationale Solidarität der Arbeiter als Zeichen für die Existenz eines universellen Subjekts angesehen. Lyotard stellt kühl fest, daß solche Zeichen heute selten geworden sind und daß das Denken der Aufklärung heute außer Kurs gekommen ist.

Es bleibt nicht einmal der Gedanke, den Standpunkt der »Benachteiligten« einzunehmen, den Sartre in seinen letzten Jahren vertrat. Sie sind kein grundsätzlicher Orientierungspunkt. Im *Widerstreit* heißt es dazu knapp: »Die voller Stolz geführten Unabhängigkeitskämpfe münden in junge reaktionäre Staaten«[4]. Warum? Der Widerstand, der sich mit traditionsgebundenen oder gar mythischen Legitimationen begründet, rückt die Idee einer weltbürgerlichen Geschichte nur weiter weg, auch wenn seine politisch-militärischen Erfolgschancen durch solche Legitimationen wachsen mögen. Lyotard wird trotz dieser schneidenden Kälte nicht zum Zyniker. Über die Benachteiligten schreibt er:

> Ich sage nicht, man habe sich nicht um ihr Los zu kümmern, im Gegenteil, man hat es zu tun, aufgrund einer ethischen und bürgerlichen Verantwortlichkeit. Aber dieser Gesichtspunkt erlaubt nur defensive und lokale Stellungnahmen. Verlangt man mehr, so kann er das Denken fehlleiten, ähnlich wie er Sartre fehlgeleitet hat.[5]

Das ist es, was ich »neue Bescheidenheit« nennen möchte. Statt des totalisierenden Universalismus stellt sich Lyotard eine Art »neue Verantwortlichkeit«[6] vor, die mit dem Zerfall der Universalität rechnet und deshalb die wechselseitige Unabhängigkeit, ja sogar gegenseitige Unverträglichkeit vielfältiger Verantwortlichkeiten von Fall zu Fall mit Geschmeidigkeit, Toleranz und »Wendigkeit«[7] wahrnimmt. In seinem Dialog *Au juste* nennt Lyotard als Modell solchen Urteilens die *phronesis*, die praktische Klugheit des Aristoteles, die von Fall zu Fall in Situationen urteilt, in denen es kein übergeordnetes Kriterium gibt[8].

Lyotard schreibt all dies in der unaufgeregten, unpolemischen Art eines respektvollen Nachrufs, es ist in der Tat ein »Grabmal«, das er der Figur des klassischen Intellektuellen errichtet. Er hat später klargestellt, daß er nicht sagen wollte, »daß der Intellektuelle tot ist und beerdigt werden sollte«.

Der Terminus ›tombeau‹ verweist im Französischen auch auf eine literarische und musikalische Gattung, eine Art von Gedenkzeichen. Das Grabmal des Intellektuellen ist auch das Eingedenken des Intellektuellen. Wir sind im Eingedenken. Das heißt nicht, daß es keine Intellektuellen mehr gibt, sondern daß die heutigen Intellektuellen, die Philosophen, sofern sie mit der Politik oder mit den Fragen der Gesellschaft zu tun haben, keine so manifesten und eindeutigen Positionen beziehen können.[9]

Es gibt also immer noch Intellektuelle, sie können nur nicht mehr so selbstgewiß Position beziehen. Was bleibt, ist eine Art minimale Widerstandslinie[10]. Es gibt eine Pflicht zum Eingreifen für den Schutz elementarer Freiheiten, wenn sie gefährdet sind. Darüber hinaus gibt es einen mehr verdeckten Widerstand, der im Reden und Schreiben praktiziert wird, wie Orwells Romanfigur Winston das in *1984* tut.

Aha!

7. Lyotards Ästhetik des Erhabenen: Die Kunstavantgarde des 20. Jahrhunderts als Postmoderne

Christa Bürger[1] hat beobachtet, daß Lyotard in der Ästhetik, vor allem in der Malerei, die Moderne zur Postmoderne erklärt. Lyotard kritisiert sogar neuere Kunstentwicklungen wie die »Transavantgarde«, sie sei »unter dem Vorwand, das Erbe der Avantgarden zu bewahren, ein gutes Mittel, es zu verschleudern«[2]. Die Rede vom »Erbe« der Avantgarden klingt einigermaßen irritierend. Es scheint beinahe, als wolle Lyotard einen Traditionalismus der ästhetischen Moderne aufbauen. Eine derartige, nur scheinbar paradoxe Position des »skeptischen Modernitätstraditionalismus« vertritt übrigens Odo Marquard[3].

Lyotards Überlegung ist folgende: die Kunst muß experimentieren, um immer wieder Versuche zu machen, auf das Undarstellbare hinzuweisen. Das »Erhabene« (le sublime) ist der Zentralbegriff von Lyotards ästhetischer Theorie. Dieser Begriff ist in der europäischen Ästhetik des 17. und 18. Jahrhunderts verwendet worden, um Gefühlsmomente zu beschreiben, die mit dem Begriff des Schönen nicht zu erfassen waren, die vielmehr mit der Wahrnehmung von Schmerz und Gefahr, Angst und Schrecken verbunden waren, allerdings nicht unmittelbar, sondern aus einer gewissen sicheren Entfernung, so daß sich Unlust und Lust, Bedrängnis und Erleichterung eigentümlich vermischen.

Das ist der Kerngedanke von Edmund Burkes 1757 veröffentlichter *Philosophical Enquiry into the Origin of our Ideas of the Sublime and the Beautiful*. Als Beispiel führt Burke Miltons Beschreibung der dunklen Nachtgestalten in *Paradise Lost* an, man könnte auch Dantes Beschreibung der Hölle nennen. Die physiologischen Reaktionen auf Alfred Hitchcocks »Suspense«-Momente in seinen Filmen dürfte ziemlich genau dem entsprechen, was Burke gemeint hat. Der andere »klassische Ort«, an dem vom Erhabenen die Rede ist, sind die §§ 23 bis 29 in Kants *Kritik der Urteilskraft*. Kant kritisiert an Burke, daß dieser empirisch und physiologisch vorgeht, statt die Vernunftvermögen zu analysieren. Lyotard folgt in diesem Punkt jedoch Burke und nicht Kant, weil er meint, daß Kant das Moment des Bedrohlichen nicht stark genug herausstellt. Kant sucht seine Beispiele für das Erhabene fast ausschließlich in der Natur, während Burke durchaus auch die Literatur im Blick hatte.

Lyotards Ansatz ist es nun, diesen Begriff auf die avantgardistische Kunst anzuwenden. Die Anregung dazu stammt von Barnett Newman, der 1948 einen Essay mit dem Titel *The Sublime is Now* (Das Erhabene ist Jetzt) schrieb. Eine Ästhetik des Schönen ist der Kunstavantgarde gegenüber offenbar unangemessen, die Formel vom Schönen als Versprechen des Guten wirkt gegenüber Newmans riesigen Farbflächen, etwa *Wer hat Angst vor Rot, Gelb und Blau?* (1966/67), eigentümlich banal. Der Rezipient von Avantgardekunst

empfindet kein einfaches Vergnügen, er zieht keinen ethischen Gewinn aus seinem Umgang mit den Werken, er erwartet von ihnen eine Intensivierung seines Gefühls- und Begriffsvermögens, einen zwiespältigen Genuß. Das Werk beugt sich keinem Vorbild, es versucht darzustellen, daß es ein Nicht-Darstellbares gibt, es ahmt nicht die Natur nach, es ist ein Artefakt, ein Trugbild. Das Gemeinwesen erkennt sich in den Werken nicht wieder, es ignoriert sie, es verwirft sie als unverständlich und nimmt schließlich hin, daß die intellektuelle

Avantgarde sie in Museeen aufbewahrt als Spuren von Versuchen, die Zeugnis ablegen von der Macht des Geistes und seiner Blöße.[4]

In der französischen Umgangssprache bezeichnet das Wort »sublime« gewöhnlich etwas, das Erstaunen und Bewunderung auslöst[5]. Lyotard bemerkt, daß es ähnlich wie das amerikanische »great« verwendet wird. Im heutigen deutschen Sprachgebrauch wirkt das »Erhabene« dagegen wie eine altertümliche Pathosformel und läßt an Schillersche Donnerworte denken (von denen Lyotard sich natürlich distanziert). Aber so fremdartig und irritierend der Begriff auch wirkt – er scheint auf frappierende Weise den Irritationsmomenten der Kunstavantgarde angemessen zu sein. Die Komplexität der Gefühlsmomente im Rezipienten ist in ihm eher ausgedrückt als im Begriff der Authentizität, den Habermas in seinen Überlegungen zur Ästhetik überall dort verwendet, wo der Begriff des Schönen nicht ausreicht. Lyotards Begriffsgeschichte des Erhabenen ist sozusagen der Versuch einer Ehrenrettung für einen diskreditierten und weitgehend außer Kurs geratenen Begriff, der jedoch auf eine Vorstellung verweist, die »seit mindestens zwei Jahrhunderten der strengsten Reflexion über die Kunst« angehört[6].

Was bei Lyotard fehlt, ist der Gedanke, daß auf die einschüchternde, Schrecken verbreitende Geste des Erhabenen auch eine ganz andere, befreiende Reaktion möglich ist – das *Lachen; denn das Erhabene, wie Burke es verstand, ist ja nicht der wirkliche Terror, es ist nur ein Zeichen des Bedrohlichen und als solches harmlos. Um die Wende des 18. zum 19. Jahrhundert muß der Begriff des Erhabenen derart die Kunstdiskussion dominiert haben, daß diese Reaktion nahelag. Thomas Paine schrieb schon 1794 in *The Age of Reason:* »Wenn Schriftsteller und Kritiker vom Erhabenen sprechen, so sehen sie nicht, wie nahe es an das Lächerliche grenzt«. Mag sein, daß Thomas Paine in Frankreich nicht geläufig

 * siehe auch Surrealismus

ist; Napoleon Bonapartes Satz auf der Flucht aus Rußland: »Du sublime au ridicule il n'y a qu'un pas« (Vom Erhabenen zum Lächerlichen ist es nur ein Schritt), dürfte jedem Franzosen bei der Erwähnung des Begriffs sofort einfallen. Daher ist es schade, daß Lyotard diese Seite der Angelegenheit nicht reflektiert. Hier zeigt sich meines Erachtens, daß er doch zu sehr der heroischen, ernsthaften Seite der Avantgarde der ersten Hälfte dieses Jahrhunderts anhängt, daß bei ihm trotz seines Buches über Marcel Duchamp der Sinn für das Komische, die Ironie, aber eben auch das Lächerliche, das ungewollt Komische zu kurz kommt.

Wie sieht Lyotard nun das Verhältnis des Erhabenen zum kapitalistischen Kunstmarkt? Er spricht von einer zwiespältigen, in mancher Hinsicht perversen Beziehung. Einerseits ist diese Ästhetik, wie man den Künstlermanifesten entnehmen kann, eine Reaktion gegen die Gegebenheiten und Kalküle des Marktes, andererseits besteht ein geheimes Einverständnis zwischen Kapital und Avantgarde. Die Wurzel dieses Einverständnisses: »Es ist etwas Erhabenes in der kapitalistischen Ökonomie. Sie ist nicht akademisch, sie ist nicht physiokratisch, sie läßt keinerlei Natur zu«[7]. Das ist vermutlich eine Anspielung auf bestimmte Formulierungen des *Kommunistischen Manifests* von Marx und Engels, danach hat z.B. die Bourgeoisie »ganz andere Wunderwerke vollbracht als ägyptische Pyramiden, römische Wasserleitungen und gotische Kathedralen, sie hat ganz andere Züge ausgeführt als Völkerwanderungen und Kreuzzüge«[8]. Auf die kritische Nachfrage eines Bloch-Anhängers, ob er dem Kapitalismus gegenüber nicht eine zweideutige Haltung einnehme, antwortete Lyotard: »Mein Bezug zum Kapitalismus war immer so zweideutig wie der von Marx selbst«[9].

Der Kunstmarkt bedarf des Neuen, des Ungewöhnlichen, dadurch kann er auf Künstler verführerisch wirken, ohne daß man das gleich durch Korruption erklären muß. Aber darin steckt nach Lyotards Meinung eine Gefahr für die Avantgarde: Überraschung und Wohlbekanntes müssen gut dosiert, vermischt werden. Die Innovation

> greift auf Lösungen zurück, die durch frühere Erfolge bestätigt sind, man modelt sie um, indem man sie mit anderen, im Grunde unvereinbaren Lösungen kombiniert, mit Amalgamen, Zitaten, Ornamenten, Pasticci. (...) In dieser Weise glaubt man, den Zeitgeist auszudrücken und spiegelt doch nur den des Marktes wider. Erhabenheit ist dann nicht mehr in der Kunst, sondern in der Spekulation über die Kunst.[10]

Vom Standpunkt einer Ästhetik des Erhabenen läßt sich immerhin einiges Erhellende über die heroische Avantgarde aussagen. Lyotard vermutet sogar eine fast ungebrochene geistesgeschichtliche Entwicklungslinie im Zeichen dieses Begriffs von der Frühromantik bis in die Mitte des 20. Jahrhunderts hinein. Er möchte gewährleistet wissen, daß dieser Erklärungsbegriff auf das Feld der Ideen beschränkt bleibt. Jeder Versuch einer realen Verwirklichung des Erhabenen in der Realität, handele es sich um Stalinismus, Trotzkismus oder Maoismus, entfesselt den Terror und den Terrorismus. Das betont er in dem oben zitierten Interview mit Gérard Raulet, nachdem dieser ihm in einer früheren Veröffentlichung vorgehalten hatte, seine Ästhetik des Erhabenen sei terroristisch[11].

1985 konzipierte Lyotard im Pariser *Centre Georges Pompidou* die Ausstellung *Les Immatériaux*, was sich vielleicht mit »Die Immaterialien« übersetzen läßt. Viele erwarteten das Auftrumpfen einer »Postmoderne«, aber ganz im Sinne seines Denkansatzes wurde die Ausstellung zu einer auf Irritation und Beunruhigung zielenden Infragestellung des »Projekts der Moderne«. In einer Pressemitteilung erklärte Lyotard: »Die Veranstaltung möchte das Gefühl vom Abschluß eines Zeitabschnitts und die unruhige Neugier verspüren lassen, die im Anbruch der Postmoderne entsteht«[12]. Die herkömmliche Darbietungsform von Kunstausstellungen in Salons und Galerien wurde aufgegeben, die Stellwände wurden durch Rasterfolien ersetzt, dreißig Sender verbreiteten in voneinander abgegrenzten Zonen akustische Signale, die den Vorrang vor den visuellen haben sollten. Der Begriff »Immaterialien« sollte anzeigen, daß die Wirklichkeit ständig ungreifbarer wird, daß an die Stelle der guten alten Materie in unserem Bewußtsein komplexe Informationen, Zahlen, Codesysteme, Strukturgesetze treten. Die Ausstellung war philosophisch gemeint. Die Künstler, die Maler sind für den Philosophen »Brüder im Experimentieren«[13].

8. »Der Widerstreit« – Lyotards sprachphilosophisches Hauptwerk

Im *Widerstreit* aus dem Jahre 1983, dem Buch, das Lyotard als »mein philosophisches Buch« (auf dem Umschlag der französischen Ausgabe) bezeichnet hat, kommt der Begriff »Postmoderne« nur an drei Stellen vor. Es wird aber schnell ersichtlich, daß es sich um einen sprachphilosophischen Begründungsversuch von etwas handelt, das Lyotard selbst als »achtenswerte Postmoderne«[1] bezeichnet, achtenswert im Unterschied zu irgendeinem Neo-dies, Neo-das, Post-ceci, post-cela.

Von der äußeren Form her ist *Der Widerstreit* kein ganz gewöhnliches philosophisches Buch. Es besteht aus 264 Aphorismen von jeweils etwa einer halben Druckseite Länge, sowie aus 14 etwas kleiner gedruckten, dazwischen plazierten »Exkursen«, die so etwas wie analysierende Lektürenotizen sind zu Protagoras, Platon, Aristoteles, viermal zu Kant, zu Lévinas, zur Menschenrechtserklärung von 1789 sowie zu den Erzählungen der brasilianischen Cashinahua-Indianer.

Der Grundgedanke des Buches ist folgender: »Die« Sprache ist nicht einheitlich, sondern heterogen. Es gibt unterschiedliche Diskursarten: Wissen, Lehren, Rechthaben, Verführen, Rechtfertigen, Erschüttern, Kontrollieren usw. Es gibt nicht »die Sprache« im allgemeinen, es sei denn als Gegenstand einer Idee[2]. Die verschiedenen Diskursarten sind miteinander inkommensurabel, d.h. es fehlt normalerweise eine universale

Urteilsregel in bezug auf ungleichartige Diskursarten. Nach dem Niedergang der großen Erzählungen wissen wir, daß es keine übergeordnete, schlichtende Autorität gibt. Unzweifelhaft ist eigentlich nur, daß Sätze »geschehen«, weil, wenn man das anzweifelt, es geschieht, daß man zweifelt. Die Frage ist immer: »geschieht es?«, »arrive-t-il?«. Lyotard ist an diesem Punkt sehr vorsichtig, um den Sätzen nicht das Prädikat »ist wirklich« oder »ist« zuzusprechen[3]. Man kann aussagen, *daß* etwas geschieht, aber *was* geschieht, gehört schon einer bestimmten Diskursart an. Die Logik ist »vor dem Wie, nicht vor dem Was«[4].

Das Problem des Widerstreits ist nun folgendes: Auf einen Satz folgt ein nächster (auch Schweigen wird als Satz charakterisiert); verkettet wird ein Satz mit dem nächsten nach Satz-Regelsystemen, die innerhalb eines Diskursgenres gelten. Man könnte aber auch eine ganz andere Fortsetzung finden, egal welche, die dann einer anderen Diskursart angehören würde. Man muß verketten, aber nicht in einer bestimmten Weise. Indem man verkettet, verhält man sich immer ungerecht gegenüber den möglichen Verkettungen, die nicht gewählt werden. Dies ist der Kern eines »Widerstreits«, im Unterschied zu einem »Rechtsstreit«, der innerhalb eines Diskursgenres stattfindet und nach dessen Regeln entschieden werden kann. Ein Rechtsstreit ist prinzipiell entscheidbar, ein Widerstreit nicht. Jeder angeblich übergeordnete Diskurs oder Metadiskurs wäre auch nur ein Diskurs neben anderen. In und nach welchem Diskurs sollte sich entscheiden lassen, daß einer dem anderen überzuordnen ist?

Zu entscheiden, ob es sich um einen Widerstreit oder um einen Rechtsstreit handelt, ist selbst schon ein Problem. Ein Beispiel: Die Partei (natürlich die proletarische) steht unter dem Zwang, zwei prinzipiell heterogene Diskursarten zusammenzubringen: die Arbeiterklasse nämlich einerseits als ideales Objekt (vielleicht auch Subjekt) der Idee der emanzipierten arbeitenden Menschheit, und auf der anderen Seite die reale Arbeiterklasse als Gegenstand kognitiver Sätze. Es ist also der Übergang vom Deskriptiven zum Normativen, vom Beschreibenden zum Vorschreibenden. Das geht nur dann, wenn die Partei sich das Monopol der Verfahren zur Ermittlung der historisch-politischen Wirklichkeit anmaßt.

Hier wird ein Widerstreit verdrängt, der aber im Kern der Arbeiterbewegung ständig wiederkehrt, besonders in Form von wiederholten Auseinandersetzungen über die Organisationsfrage (das heißt natürlich das Monopol der Partei und besonders der Führung). Es wird versucht, den Streit als Rechtsstreit zu führen – dann entscheidet das Politbüro als Gericht. Es ist selbst Partei und entscheidet immer zugunsten des Zentralismus, des Monopols. Aber, da es sich um einen Widerstreit handelt, wird er dadurch nur von neuem produziert, er reproduziert sich an den Rändern der Organisation [5].

Am Schluß des *Postmodernen Wissens* schien es, als sei der Kern von Lyotards Gerechtigkeitskonzeption das Geltenlassen der verschiedenen Sprachspiele. Noch davor, in der *Ökonomie des Wunsches*, hatte er sogar das Gegensatzpaar gut/böse zugunsten eines Konzepts der Intensitäten aufgegeben. Solche Gedanken lassen sich letzten Endes nicht halten, denn wo sind die Kriterien, wenn verschiedene Intensitäten aufeinanderprallen?

In dem Kapitel »Die Verpflichtung« des *Widerstreit* entwickelt er deshalb eine grundlegende Theorie der Gerechtigkeit. Ihr inhaltlicher Kern ist der Respekt vor den Menschenrechten. Lyotards Destruktion der Gewißheiten macht also vor einem »Minimum an Sicherheiten« halt [6]. Er ist eben doch kein Skeptizist, der alles bezweifelt und dadurch letzten Endes nichts mehr behauptet. Haben aber die universalen Zweifler, die am Ende doch auf einen unbezweifelbaren Punkt stießen, von dort aus nicht ihre gesamte Philosophie konstruieren können? Für Descartes hat die eine Gewißheit »Ich zweifle, also bin ich« ausgereicht; Karl-Otto Apel denkt ganz ähnlich: Wer zweifelt, muß schon sinnvoll argumentieren, und daraus folgt dann alles übrige. Die Sicherungen, die Lyotard gegen einen solchen Denkablauf eingebaut hat, werden bei seiner Analyse des Zustandekommens der moralischen Verpflichtung immer wieder deutlich.

Zunächst führt Lyotard vor, wie Ethik traditionell gedacht wird. Es gibt Verpflichtungen in dem Sinne, daß Gehorsam gegenüber einer Norm gefordert wird. Da eine Norm nicht aus den faktischen Verhältnissen, das Sollen nicht aus dem Sein abgeleitet werden kann, muß man ihre unableitbare, also bedingungslose Geltung annehmen. Die ethische Diskursart würde also die Verpflichtung hervorbringen und selber nur die Regel der bedingungslosen Verpflichtung zulassen[7].

Die Unableitbarkeit der Verpflichtung versucht Lyotard dann an einer Analyse von Kants Denkfigur »Kausalität aus Freiheit« in der *Kritik der praktischen Vernunft* zu belegen. Kant hatte festgestellt, daß keine Deduktion der objektiven Realität des moralischen Gesetzes mittels der theoretischen, spekulativen oder empirisch unterstützten Vernunft möglich sei. Es ist vielmehr umgekehrt: der präskriptive Satz selber kann als eine Art Faktum verstanden werden und so als Ausgangspunkt einer Deduktion, nämlich der Deduktion der Freiheit, dienen. Lyotard folgert:

> Das Gesetz bleibt unabgeleitet. ... Man kann strictu sensu nicht behaupten, die Freiheit ermögliche die Erfahrung von Moralität, die Verpflichtung. Diese ist kein Faktum, das man belegen könnte, sondern nur ein Gefühl, ein Faktum der Vernunft, ein Zeichen.[8]

Daß das moralische Gesetz nicht weiter begründbar, ein Faktum der Vernunft sei, war Kants Gedanke[9]. Lyotard geht weiter: es ist dann ein Gefühl, ein Zeichen. Die Übergänge vom kognitiven zum präskriptiven Bereich können nicht in theoretischen Ableitungen bestehen, sondern müssen woanders gesucht werden, nämlich im Urteilsvermögen, in der Urteilskraft, die Kant in seiner dritten Kritik, der *Kritik der Urteilskraft* analysiert hatte. Eine vierte Kritik, eine »Kritik der politischen Vernunft«, hat Kant nicht geschrieben.

Trotzdem versteht Lyotard sich als Kantianer der dritten und vierten Kritik. Er meint, in einem gewissen Sinne könne man die vielfältigen politischen Schriften Kants als vierte Kritik bezeichnen. Ihre Aufteilung in kleinere Texte entspreche allerdings der Vielfältigkeit des politischen Gegenstandes. Kant hat in der *Kritik der Urteilskraft* einige nicht-theoretische, nicht-begriffliche Übergänge angegeben, z.B. das Schöne als Symbol des Guten – ein Übergang zwischen dem ästhetischen und dem moralischen Bereich, oder, als Beispiel eines mißlungenen Übergangs, die Illusion, die entsteht, wenn wir auf Gebieten argumentieren, für die kein Anschauungsobjekt in Raum und Zeit gegeben ist.

Lyotard verzichtet auf eine Auflistung der vielfältigen Übergangsmöglichkeiten. Er interessiert sich vor allem für einen Übergang, den er in Kants politischen Schriften gefunden hat: die Geschichtszeichen. Kant verwendet diesen Ausdruck in § 5 des »Streits der philosophischen Fakultät mit der juristischen«. Es ging um die Frage, »ob das menschliche Geschlecht im beständigen Fortschreiten zum Besseren sei«[10]. Kant lehnte jegliche »Weissagung« natürlich ab. Ein direkter Beweis schien ihm nicht möglich, weil es um Ideen ging. Wie aber sollte dies Fortschreiten empirisch, in der Anschauung zu bestätigen sein? Es ging ja gerade um das noch nicht Vorhandene. Kant suchte also nach einem Indiz, einer Begebenheit, die allerdings nicht selbst Ursache des Fortschritts sein durfte (denn sonst hätte die Argumentation sich im Kreise gedreht). Er hat dieses Zeichen gefunden in dem Enthusiasmus, den die französische Revolution unter ihren Zuschauern, z.B. in Deutschland, hervorrief[11]. Dieser Übergang ist nicht ohne Fragwürdigkeit. Der Enthusiasmus ist ein Affekt, »eine starke

Gefühlsaufwallung und als solche blind«[12]. Kant hatte in seinem kritischen Bewußtsein dazu erklärt, er könne kein »Wohlgefallen der Vernunft verdienen«[13].

Der historisch-politische Enthusiasmus bewegt sich also am Rande der Demenz, ist ein pathologischer Anfall und besitzt als solcher in sich keine ethische Gültigkeit, da die Ethik die Befreiung von jeglichem motivierenden Pathos verlangt; sie läßt nur jenes apathische Pathos zu, das die Verpflichtung begleitet, die Achtung. Dennoch bewahrt das enthusiastische Pathos in seiner vorübergehenden Entfesselung ethische Gültigkeit, es ist ein energetisches *Zeichen*, ein Tensor des ›Wunsches‹.[14]

1986 hat Lyotard *L'Enthousiasme* (Der Enthusiasmus) veröffentlicht, dessen deutsche Übersetzung im Frühjahr 1988 – zugleich mit dieser Einführung – erscheint. In dem eben zitierten Abschnitt aus dem *Widerstreit* sind seine Kerngedanken zu diesem Thema schon auf den Punkt gebracht: kritisch kantische Distanz zu diesem Affekt, gleichzeitig die Einsicht, daß hier ein Übergang von einer Diskursart in die andere angedeutet wird, der aber nicht wirklich stattfindet, sondern in die »Sackgasse der Inkommensurabilität«[15] treibt. Aber das energetische Moment ist da. Der Begriff »Tensor« (Spannungsmoment) kommt schon in der *Ökonomie des Wunsches* vor. Hier findet sich eine der (nicht häufigen) Stellen, an denen der rationalistisch argumentierende Lyotard explizit an seine libidoanalytische Phase von 1974 anknüpft.

Der Enthusiasmus gehört zu den erhabenen Gefühlen, als solches ist er »formlos und ungestalt«[16]. Die Gefahren des Irrtums in diesem Affekt sind ungeheuer. Lyotard nennt die politische Illusion, die darin bestehen würde, diese Zeichen mit der Realität zu verwechseln. Kant wie Lyotard bestehen darauf, daß sie nur den Enthusiasmus der nicht betroffenen, nicht direkt interessierten Zuschauer meinen[17].

Der Enthusiasmus ist ein ästhetisches Gefühl. Nur dann, wenn dieses Konzept nicht direkt auf die Politik übertragen

* siehe KdU

wird, kann nämlich Kants Auflösung der Antinomie des Geschmacksurteils funktionieren: daß man über Geschmacksurteile zwar streiten, aber nicht mit verbindlichen Argumenten disputieren kann. Der Enthusiasmus appelliert an einen Gemeinsinn (*sensus communis* bei Kant), der eine »unbestimmte Norm«[18] ist. Diese Unbestimmtheit garantiert, daß es keinen verbindlichen Begriff gibt, auf den man sich einigen müßte, wohl aber, auf einer reflexiven Ebene, ein Begriffsvermögen, ein Darstellungsvermögen. Geschmacksurteile, so lautet Kants Auflösung der Antinomie des Geschmacks, haben insofern Allgemeinheitscharakter, als sie an einen allgemein vorhandenen Sinn appellieren, der bei anderen vorausgesetzt werden kann. Die Gemeinsamkeit liegt also nicht im einzelnen Urteil, sondern auf der reflexiven Ebene des gemeinsamen Vermögens. Es handelt sich um eine Idee, die nie unmittelbar darstellbar ist.

Die kantische Auflösung beruft sich auf das Gefühl selbst, das alle beide notwendigerweise empfinden, andernfalls könnten sie sich nicht über ihre Uneinigkeit verständigen.[19]

Für Lyotard ist diese Auflösung einer Antinomie ein Paradefall für die denkbare Auflösung eines Widerstreits. Man findet eine gemeinsame reflexive Basis, auf der man sich über die Uneinigkeit verständigen kann. Die Uneinigkeit verschwindet dadurch aber keineswegs – das wäre jener Fehlschluß, den zu bekämpfen Lyotard sich wohl zum Hauptziel seines Philosophierens gesetzt hat.

Der Gedanke einer Verständigung über die Uneinigkeit zeigt gleichzeitig, daß Lyotard so weit doch nicht entfernt ist von modernen politischen Vertragstheorien. Er besteht allerdings darauf, daß die Konstatierung der Gemeinsamkeit von Geschmack noch kein »vernünftiger Konsensus«[20] ist. Den Begriff »vernünftiger Konsensus« bezieht er aber auf die Ebene des Sachverhalts, nicht des reflexiven Urteils. Die

Verständigung über die Uneinigkeit bleibt auf der Ebene des Gefühls.

Lyotard geht es darum, den Widerstreit im Unentschiedenen und Spannungsvollen zu erhalten. Reflexives Denken kann ihn also nicht wirklich auflösen. Es kann ihn nur in Worte fassen:

> Der Widerstreit ist der instabile Zustand und der Moment der Sprache, in dem etwas, das in Sätze gebracht werden können muß, noch darauf wartet. Dieser Zustand enthält das Schweigen als einen negativen Satz, aber er appelliert auch an prinzipiell mögliche Sätze. Was diesen Zustand anzeigt, nennt man normalerweise Gefühl. ›Man findet keine Worte‹ usw. Es bedarf einer angestrengten Suche, um die neuen Formations- und Verkettungsregeln für die Sätze aufzuspüren, die dem Widerstreit, der sich im Gefühl zu erkennen gibt, Ausdruck verleihen können, wenn man vermeiden will, daß dieser Widerstreit sogleich von einem Rechtsstreit erstickt wird und der Alarmruf des Gefühls nutzlos war. Für eine Literatur, eine Philosophie und vielleicht sogar eine Politik geht es darum, den Widerstreit auszudrükken, indem man ihm entsprechende Idiome verschafft.[21]

Eine Philosophie, die mehr will, beruht auf Illusionen oder Fehlschlüssen. Die Geschichtsphilosophie im Sinne von Hegel oder Marx etwa erliegt dem Schein, die Geschichtszeichen sozusagen für Tatsachen zu nehmen. Was bleibt dann eigentlich noch vom Marxismus übrig? Bei Lyotard findet man zwei Hinweise:

- Er versucht, dem vom Kapital verursachten Leid ein Idiom, einen Ausdruck zu verschaffen.
- Er drückt ein Gefühl des Widerstreits aus: dem Proletariat geschieht nicht irgendein Unrecht, »sondern das Unrecht schlechthin«[22].

Lyotard ist unter den französischen Philosophen derjenige, der sich am häufigsten auf Kant bezieht. Eine der letzten Vorlesungen Michel Foucaults beschäftigte sich – sehr zum Erstaunen von Habermas – ebenfalls mit jenen eben diskutierten Kant-Texten *Was ist Aufklärung?* und dem zweiten Teil des *Streits der Fakultäten*[23]. Foucault begreift Kant hier als Philosophen der Aktualität, der in diesen Texten anders als in seinen großen Kritiken, in denen es um die Analytik der Wahrheit ging, die Frage nach der Gegenwart stellt, und damit einen anderen Modus kritischen Denkens begründet, den einer kritischen Ontologie der Gegenwart. In dieser Tradition sieht Foucault Hegel, Nietzsche, Max Weber, die Frankfurter Schule und sich selbst.

Charakteristisch hierfür ist das Selbstverständnis des Philosophierenden als Zeitgenossen, das in der Tat Hölderlin und den jungen Hegel, »Marx und die Junghegelianer, Baudelaire und Nietzsche, Bataille und die Surrealisten, Lukács, Merleau-Ponty, die Vordenker des westlichen Marxismus überhaupt, nicht zuletzt Foucault selbst«[24] miteinander verbindet. Mit diesem positiven Traditionsbezug auf Kants politische Schriften stellt Foucault sich allerdings in eine Tradition der Moderne; denn damit bekennt er sich eigentlich zu jenem Willen zum Wissen, den er sonst nur aufgespürt hatte, um ihn zu denunzieren. Jürgen Habermas konstatiert hier verwundert eine Akzentverschiebung in Foucaults Denken. Es scheint so, daß die neuere Kant-Rezeption in Frankreich in der Lage ist, auf deutscher Seite einige Vorurteilsstrukturen aufzubrechen, und auf französischer Seite letztlich doch zu Positionen führt, die – wenn auch kritisch – in ihren entscheidenden Aussagen noch innerhalb der aufklärerischen Tradition der Moderne stehen. Genau hier liegt die Gemeinsamkeit von Foucaults und Lyotards Kant-Interpretation.

Die Politik »ist keine Diskursart, sondern deren Vielfalt, die Mannigfaltigkeit der Zwecke und insbesondere die Frage nach der Verkettung«[25]. Sie ist in gewisser Weise die »Drohung des Widerstreits«[26]. »In der deliberativen,* der beratenden Politik, in der Politik der modernen Demokratien exponiert sich der Widerstreit«[27]; es sind nämlich verschiedene Diskursarten,

*beratschlagende

die hier eine Rolle spielen: die Ermittlung der Gegebenheiten, der Handlungsmöglichkeiten, der Entscheidungsfindung, des Urteils, der normativen Grundlagen etc. Die moderne Politik muß ständig verschiedenartige Diskursarten verbinden – die Illusion der Einheitlichkeit kann dabei durchaus entstehen und den Widerstreit vorübergehend vergessen oder erträglich machen. Alles in allem ist das Deliberative aber außerordentlich schwach und zerbrechlich, während das Narrative, die mythische Erzählung, die Geschichtsphilosophie fester, stärker, verbindlicher sind. Das Narrative ist eine Diskursart, das Deliberative nur eine lose Anordnung davon, »und dies reicht aus, um das Vorkommnis und den Widerstreit darin sprießen zu lassen«[28].

Dies ist im Kern die politische Ethik Lyotards. Im Grunde handelt es sich um eine demokratische Pluralismustheorie, die gerade die Verschiedenheit der Diskurse garantieren möchte. Lyotard baut dieses theoretische Konzept aber nicht weiter aus, insbesondere verzichtet er auf eine Rezeption moderner partizipativer Pluralismustheorien, wie sie sich bei Ernst Fraenkel und John Rawls finden[29]. Ein derartiger eher konstruktiver Ansatz wäre für Lyotard offenbar zu fremdartig gewesen.

Seine praktischen politischen Ideen sind denn auch eher pessimistisch. An George Orwells *1984* zeigt er auf, wie schon die Entscheidung des Romanhelden Winston, heimlich ein Tagebuch zu führen, ein Widerstandsakt ist[30]. Aber im übrigen ist eine sehr weitgehende, allgemeine Vorherrschaft des ökonomischen Diskurses, des Kapitals, zu befürchten. Zwar verschärft sich dadurch eher der Widerstreit, es liegen aber keine Garantien für den Fortschritt zum Besseren darin. Eher sind alle Zeichen ambivalent. Die Geschichtsphilosophien, die mit eindeutigen Vorhersagen arbeiteten, haben am Ende des 20. Jahrhunderts eher ein Enttäuschungsgefühl bei den Zuschauern hinterlassen.

Der Widerstand nationalistischer Gemeinschaften ist kein wirklicher Gegensatz zur Vorherrschaft des Kapitals. Das ist Lyotards Antwort auf Konzepte einer Revolution von der Dritten Welt her, auf den an Frankreichs Universitäten noch immer verbreiteten *tiersmondisme*. Die Idee einer weltbürgerlichen Geschichte rückt durch derartige Konzepte eher wieder in die Ferne. Was bleibt?

> Das einzige unüberwindliche Hindernis, auf das die Hegemonie des ökonomischen Diskurses stößt, liegt in der Heterogenität der Satz-Regelsysteme und Diskursarten, liegt darin, daß es nicht ›die Sprache‹ und nicht ›das Sein‹ gibt, sondern Vorkommnisse. Das Hindernis besteht nicht im ›Willen‹ der Menschen im einen oder anderen Sinn, sondern im Widerstreit. Dieser wird gerade aus der Beilegung der vorgeblichen Rechtsstreitfälle neu geboren. Er mahnt die Menschen, sich in unbekannten Satz-Universen zu situieren, selbst wenn sie nicht das Gefühl verspüren sollten, daß etwas in Sätze ›gesetzt‹ werden muß. (Denn dies ist notwendig, nicht verpflichtend.) Das Geschieht es? kann von keinem Willen zum Zeitgewinn besiegt werden.[31]

Zum *Widerstreit* müßte im Grunde ein zweiter Band geschrieben werden, der eine Theorie der Diskursgerechtigkeit entwikkelt. Mag sein, daß ein Widerstreit sich nicht auflösen läßt – genau, wie gegensätzliche Interessen unvereinbar erscheinen mögen. Anders als im Denken muß aber im Alltagsleben trotzdem eine Lösung der Differenzen, zumindest eine Art und Weise, damit zu leben, gefunden werden. Wenn es einen Streit um etwas gibt, bedarf es einer Auflösung. Man kann es auf einen Kampf ankommen lassen, dann wird sich eine Position durchsetzen; sobald man aber anfängt zu diskutieren und auf diesem Wege zu Lösungen zu kommen versucht, ist man schon mitten in der Moral, denn dann wird man sich um allgemein akzeptable Lösungen bemühen.

Lyotard hatte die Situation des Widerstreits so definiert, daß hier kein Diskurs möglich sei, weil die unterschiedlichen

Positionen nur in unterschiedlichen Diskursarten sich artikulieren können. Lyotards Beispiel: Das Wirtschafts- und Sozialrecht »kann zwar den Rechtsstreit zwischen den Wirtschaftspartnern schlichten, nicht aber den Widerstreit zwischen Arbeitskraft und Kapital«[32]. Die Arbeiter werden gerade, indem es rechtmäßig zugeht, ausgebeutet. Die Berufung auf das Arbeits- und Sozialrecht nützt ihnen gegen diese rechtmäßige Ausbeutung überhaupt nichts; denn dieses Recht regelt nur die Modalitäten der Ausbeutung. Gegen die Ausbeutung selbst würden sie nur erfolgreich mittels eines Umsturzes des Rechtssystems selbst angehen können. Genau das ist, vom gegebenen Rechtssystem her gesehen, natürlich vollkommen illegal.

Es ist dies die berühmte, von allen linken Radikalen wieder und wieder diskutierte Aporie des Reformismus: Was er zur Verbesserung des Rechtssystems im Interesse der Arbeiter erreicht, macht es auch erträglicher, so daß die Revolution in weitere Ferne rückt, denn diese hat als notwendige, nicht hinreichende Voraussetzung gerade eine als unerträglich empfundene Situation. Man muß sich allerdings vor Augen führen, daß diese Aporie nur aufgrund bestimmter Prämissen des linken Radikalismus sich ergibt: nämlich, daß eine aus einer unerträglichen Situation geborene Revolution die erwartete Verbesserung tatsächlich mit größerer Sicherheit und in größerem Umfang bringen würde als eine partielle Verbesserung des Rechtssystems. Hierzu hat vor allem Richard Rorty wichtige Diskussionsbemerkungen vorgetragen, die im übernächsten Kapitel behandelt werden sollen.

Der *Widerstreit* ist kein Buch, das eine Lösung anbietet. Um seinen Geist zu charakterisieren, ist möglicherweise am besten Wittgensteins Aphorismus Nr. 125 aus den *Philosophischen Untersuchungen* geeignet: »Die bürgerliche Stellung des Widerspruchs, oder seine Stellung in der bürgerlichen Welt: das ist das philosophische Problem«[33]. Statt »bürgerlich« müßte man »gesellschaftlich« oder »sozial« einsetzen.

Ergänzend soll noch ein wichtiges Problem im *Widerstreit* und in Lyotards Philosophie überhaupt erläutert werden, nämlich das Problem Auschwitz. »Auschwitz« in Anführungszeichen, so wie dieser Name hier steht, wird in Lyotards Texten als Chiffre für einen nicht darstellbaren Schrecken verwendet. Die Verwendung von »Auschwitz« in dieser Weise ist angeregt durch Adornos »Meditationen zur Metaphysik«, den letzten Abschnitt der *Negativen Dialektik*. Beiden gemeinsam ist das Bewußtsein, daß philosophisches Denken, daß Darstellung überhaupt diesem Ereignis nicht angemessen ist.

Lyotards Reflexion geht allerdings einen eigenen Weg. Er befaßt sich ausdrücklich mit der von Faurisson vorgetragenen These, daß die Existenz der Gaskammern nicht belegbar sei – keiner habe sie tatsächlich mit eigenen Augen gesehen. Zeugen müßten tot sein oder die Unwahrheit sagen. Diese Debatte hat in Frankreich große Wellen geschlagen, und in der Bundesrepublik immerhin zu Überlegungen geführt, ob man nicht per Gesetz verbieten könne, die Massenvernichtung von sechs Millionen Juden durch die Nationalsozialisten in Zweifel zu ziehen. Lyotard diskutiert die Einwände gegen die Beweismöglichkeit für diese Verbrechen sehr ernsthaft – für meine Begriffe zu ernsthaft, weil es offenkundig ist, daß Opfer nicht mehr aussagen können und Spuren beseitigt wurden. Lyotard berücksichtigt nicht, daß es ja auch den Indizienbeweis, das Geständnis einiger Mittäter und die Aussage von Zeugen gibt, die die Ereignisse beobachtet haben; es gibt Spuren, z.B. die herausgebrochenen und gesammelten Goldzähne der Opfer und die Abrechnungen darüber. Lyotard kommt aber zu den gleichen Schlüssen, zu denen man auch, wie hier angedeutet, mit juristischen Argumenten kommen könnte: es gab Gaskammern, man kann das formulieren, und es ist auch möglich, mit hinlänglicher Autorität darüber zu sprechen[34].

Viele zur genauen Zählung der Opfer notwendige Dokumente wurden vernichtet, einen Beweis für die genaue Zahl wird man nicht erbringen können. Dieses Ereignis bringt aber ein Gefühl hervor: Lyotard versteht Auschwitz als ein Geschichtszeichen, das eine gewisse Unbestimmtheit beinhaltet. Nach der Zerstörung vieler Indizien, nach der Verunmöglichung vieler Zeugenaussagen bleibt ein Gefühl, ein Schmerz, der einen Widerstreit anzeigt, etwas, das nicht in normale Kategorien eines Rechtsstreits faßbar ist. Das Nürnberger Tribunal, das die siegreichen Alliierten 1945/46 durchführten, war insofern nicht hinreichend begründet: Der Verbrecher konnte »in seinem Richter nur einen Verbrecher mit größerem Waffenglück sehen«[35]. Lyotard verlangt vom Historiker, er solle

> mit dem Monopol, das dem kognitiven Regelsystem von Sätzen über die Geschichte eingeräumt wird, brechen und das Wagnis auf sich nehmen, auch dem Gehör zu schenken, was im Rahmen der Regeln der Erkenntnis nicht darstellbar ist. … In dieser Hinsicht ist Auschwitz die wirklichste Wirklichkeit. Sein Name markiert die äußerste Grenze, an der sich die Kompetenz der Geschichtswissenschaft zurückgewiesen sieht. Daraus folgt nicht, daß man in den Bereich des Un-Sinns eintritt. Die Alternative lautet nicht: entweder die von der Wissenschaft aufgestellte Bedeutung oder die Absurdität, Mystik eingeschlossen.[36]

Das ist Lyotards Konsequenz aus der französischen Auschwitz-Diskussion. Er macht aus der mangelnden Feststellbarkeit der genauen Zahl der Opfer einen Beleg für seine Konzeption des Widerstreits, für seine Idee, daß hier nur ein Gefühl angemessen sei, wo die Kompetenz der Geschichtswissenschaft nicht ausreicht. Es ist zwar ein rational eingrenzbares, beschreibbares und begründbares Gefühl, deshalb ist Lyotards Anspruch, nicht in den Un-Sinn verfallen zu sein, berechtigt. Es bleibt aber ein Affekt – und damit sind wir wieder bei Kant und der Theorie der Geschichtszeichen.

Wird »Auschwitz« so als Chiffre des Nicht-Darstellbaren verstanden, ist dieses Ereignis in Gefahr, eine Spielmarke, eine Belegkarte im philosophischen Spiel zu werden. Möglicherweise ist es deshalb angemessen, im Bewußtsein der immensen Schwierigkeiten dennoch die Darstellung zu wagen, die Kartographie des Unrechts, wie es die israelischen Historiker im Gedenkzentrum Yad Vashem in Jerusalem tun, die wissenschaftliche Materialsammlung und Eingedenken nicht als zwei einander ausschließende Haltungen ansehen.

9. Die Grundlagenkrise der modernen Wissenschaften

Seit dem Ende des 19. Jahrhunderts befinden sich die Naturwissenschaften in einer Grundlagenkrise. Die Wissenschaftspraxis räumt den technischen Verfahren einen immer größeren Vorrang ein und verstellt dadurch zunehmend den Zugang zum Anderen des Denkens, den Zugang zum Sein[1]. Alle scheinbaren Evidenzen, die festen Halt für Erkenntnisgewißheit bieten könnten, werden ihrerseits durch den Erkenntnisfortschritt ständig kritisiert und zurückgewiesen. Letztlich wird Gewißheit nur noch gesucht in der Perfektheit der rationalen Konstruktion selbst. Hier nun setzt Lyotards uns schon bekanntes Argument ein:

> Russells Aporie, Hilberts Scheitern und Gödels Beweis drücken die Unmöglichkeit dieser Aufgabe aus: das Aufstellen von Regeln vollzieht sich nicht innerhalb solcher Regeln. Für den Logiker ist diese Unmöglichkeit gebunden an die Paradoxie selbstreferentieller Aussagen.[2]

Wenn man dieser Argumentation folgt, muß man den Gedanken einer Letztbegründung aufgeben. Aber: die krisenhafte Situation ist damit nicht gelöst. Russells Konzept verbietet schlicht selbstbezügliche Aussagen, so daß sich die Philosophie spaltet: in die kontinentale Philosophie, »die auf der Reflexion über die Grundlagen insistiert und die Widersinnigkeit einer Selbstbegründung auf sich nimmt«[3], und die anglo-amerikanische Philosophie inklusive des emigrierten Wiener Kreises der logischen Positivisten, die Begründungsansprüche per Dekret ausschließen.

Wie aber findet man den Zugang zur »Realität«, zum »Äußeren«? Lyotard deutet einen Weg an:

Damit sich die Vernunft Objekte vorstellen kann, ist es wenigstens notwendig – auch auf die Gefahr hin, von Grund auf und fortgesetzt das Vorstellungsverfahren abzuändern –, daß etwas sich zeigt.[4]

Das ist die Frage nach der »Gebung«, der »Öffnung«, oder, Lyotard zitiert hier Heidegger, nach der »Lichtung«. Er weist allerdings sofort darauf hin, daß diese Frage nicht nur diejenige Heideggers war, sondern schon die von Kant. Dessen wissenschaftstheoretisches Denken kann als der Versuch angesehen werden, zwischen den beiden gegensätzlichen Strömungen des Rationalismus und des Empirismus einen Denkweg zu finden, der die richtigen Bestimmungen beider Seiten aufnimmt. Rationalistische Erkenntnistheorien betonen bzw. verabsolutieren den Anteil des Verstandes an der Erkenntnis, der Empirismus den Anteil der Sinneserfahrungen. Der klassische Empirismus wird von Hobbes, Locke, Berkeley und Hume vertreten, der Rationalismus von Descartes, Spinoza, Leibniz. Kants Lösung hatte darin bestanden, dem Verstand nur soweit Gültigkeit einzuräumen, als er sich auf Bereiche bezieht, die Gegenstand möglicher Anschauung werden können. Er hatte die Geltung rationalistischen Denkens also beschränkt auf den empirisch zugänglichen Bereich.

Vor diesem Hintergrund nun setzt Lyotard sich mit Apels Letztbegründung auseinander. Apels Argument ist, daß die Situation des sinnvoll Argumentierenden für uns schlechthin unhintergehbar ist, weil diese Situation sich selbst nur argumentativ bestreiten läßt. Diese Voraussetzung ist reflexiv aufdeckbar, deshalb heißt dieses Konzept auch reflexive Letztbegründung[5]. Hinter der Argumentationssituation weitere Geltungsgründe suchen zu wollen ist sinnlos, weil diese wieder nur argumentativ vertreten werden könnten. Wer etwas bezweifelt oder bestreitet, z. B. die philosophische Letztbegründung, behauptet gleichzeitig immer etwas, nämlich, daß es sich nicht so verhält, oder, daß es nicht sicher sei, ob es sich wirklich so verhält. Wer aber etwas behauptet und damit einen Geltungsanspruch erhebt, macht damit gleichzeitig eine ganze Reihe von Unterstellungen, ohne die diese Handlung sinnlos wäre, z. B. es gibt Geltungsansprüche, eine Sprache, Äußerungen, Adressaten, einen Sprecher, Regeln, eine Welt, identifizierbare Ereignisse, Objekte – diese Liste ist nicht abgeschlossen. Diese Unterstellungen, die jemand machen muß, um überhaupt sinnvoll zweifeln zu können, sind aber ihrerseits vor jedem möglichen Zweifel sicher – sonst würde der Zweifel sich selbst aufheben oder, anders gesagt, gar nicht sinnvoll geäußert werden können[6].

Hier hat man den in der Philosophie seltenen Fall eines wirklich gewissen, als unbestreitbar hingestellten Arguments. Es wäre genau der archimedische Punkt des Denkens, dessen Existenz Lyotard immer in Zweifel gezogen hat. Es ist klar, daß bloße Einwände von seiten Lyotards hier nicht ausreichen würden. Er trägt ein Gegenkonzept vor, das in einen sehr elementaren Bereich der Realitätswahrnehmung vordringt, und wir werden zu überlegen haben, ob nicht auch dieses Gegenkonzept auf so etwas wie einen letzten Punkt zusteuert.

In philosophischer Perspektive sind diese Überlegungen der aufregendste Teil in Lyotards Denken, deshalb will ich sie auch dort, wo Lyotard kurz und dunkel ist, in der sachangemessenen Ausführlichkeit und möglichst für jeden nachvollziehbar darstellen.

Grundlagenreflexion ist ein besonders schwieriger Teil philosophischen Denkens, nicht so sehr wegen der Komplexität, sondern vielmehr deshalb, weil wir es gewohnt sind, immer von Voraussetzungen auszugehen. Wo in einem Schritt zurück gerade die Voraussetzungen ermittelt werden sollen, hinter denen es keine weiteren mehr gibt, neigt das Denken dazu, in eine eigentümliche Unbeweglichkeit und Hilflosigkeit zu verfallen, sich an eingelernte dogmatische Formeln festzuklammern oder sich auf Glaubenssätze zurückzuziehen. Apel wie Lyotard (übrigens auch Adorno in der *Negativen Dialektik*) sind Philosophen, die genau hier weiterzudenken versuchen. Das macht eine Auseinandersetzung mit ihren Überlegungen auch dann sinnvoll, wenn man ihre Lösungsvorschläge nicht akzeptieren kann.

Lyotard trägt gegen Apel drei Einwände vor.

1. Apel hält die Bedingungen des argumentativen Sprachspiels für vorrangig gegenüber der sinnlichen Gebung. Das durch Anschauung Gegebene existiert in Apels Konzeption nur insofern, als es in der Argumentation angeführt wird. Dagegen Lyotard: vernünftige Letztbegründung kann »nicht allein«[7] in den Bedingungen argumentativer Pragmatik gefunden werden. Zumindest muß von jeder Argumentation, die auf Wirklichkeit bezogen ist, das Moment des »Zeigens« abverlangt werden. Das würde selbst dann gelten, wenn dieses Gegebene »technisch hervorgebracht wäre durch Apparaturen«[8]. Lyotard erinnert an seine These aus dem *Postmodernen Wissen*, daß das Entscheidende am kognitiven Verfahren nicht so sehr in der Suche nach einem Konsens bestehe, sondern in der Fähigkeit, den Dissens hervorzubringen, um die Argumentation wiederzubeleben. Das setzt natürlich voraus, daß »Tatsachen« produziert werden. Dafür sind die Naturwissenschaftler, die einer empirischen Pragmatik verhaftet sind, im Grunde viel empfänglicher als Karl-Otto Apel. Für die Naturwissenschaften konstatiert Lyotard:

> Es ist ihnen wesentlich, so technisiert sie auch sein mögen, das zu unterstellen, was man ein neu Gegebenes nennt, und folglich, ob sie wollen oder nicht, daß es eine Gebung, ein ›Außerhalb‹ der argumentativen Sphäre, gibt.[9]

Nach dem oben Gesagten dürfte deutlich sein, daß dieser Gedanke dem der Anschauung bei Kant, dem empiristischen Moment in Kants Philosophie entspricht.

2. Lyotard hält Apels Argument, die Regeln des Sprachspiels »Letztbegründung« seien die eines jeden Spiels und besäßen damit universelle kommunikative Geltung, für problematisch. Im Bereich der Gefühle würde das Argument etwa so aussehen: Gefühlsmäßige Argumentationen verstießen zwar gegen das Prinzip vom zu vermeidenden Widerspruch und auch gegen das Verbot einer *petitio principii* (wenn sie auch nur wieder in Gefühlen begründet sind), aber dies beweise ja gerade, daß die Vernunftprinzipien auch im affektiven Diskurs vorausgesetzt bleiben – denn sonst könne man nicht gegen sie verstoßen. Lyotard fühlt sich hier an das sophistische Argument der Umkehrung *(antistrephon)* erinnert: die Leidenschaft verleugnet die Vernunft, folglich erkennt sie sie an. Ein noch offenkundiger unsinniges Beispiel wäre vielleicht: der Atheist leugnet Gott, folglich erkennt er ihn an. Lyotard vermutet hier bei Apel eine Art »Fatalismus Hegelscher Inspiration«[10]. Im übrigen scheint es sich bei Apels Beschränkung der Erkenntnisart auf die Argumentation um einen Beschreibungsirrtum zu handeln. Es gibt bei der Suche nach den Überzeugungen verschiedene Arten von Überredungsweisen, die miteinander unverträglich sind, so daß der Erkenntnisdiskurs keineswegs rein argumentativ ist, sondern vielmehr eine gewisse Nähe zur Umgangssprache aufweist. Lyotard nennt
– einen Überzeugungsversuch
– einen Versuch zu gefallen
– zu siegen
– zu überreden
– in einer Beschreibung »sichtbar zu machen«[11].

Daraus folgt: Entweder ist die argumentative Rationalität nur eine Diskursart unter anderen, dann wäre es irrational, ihr Kriterium auf alle anderen auszuweiten. Oder, so scheint die hegelianisierende Tendenz bei Apel nahezulegen, man bezeichnet die in allen Spielen implizierten Voraussetzungen als »rational«, »dann sind die irrationalen Arten oder Spiele rational in diesem Sinne«[12]. Die Probleme dieser zweiten Denkmöglichkeit hatte Lyotard aber, wie eben dargestellt, am affektiven Diskurs aufgezeigt.

3. Lyotards dritter Einwand entspricht von der Struktur her dem ersten. Der entscheidende Punkt in Apels Letztbegründungsargument ist die Reflexivität. Der Anlaß für sie ist offenkundig der Einwand des Dialogpartners. Damit bleibt Apels Denken »innerhalb der Grenzen des gegenwärtigen Logozentrismus«[13], d.h. der sprachlichen Vernunftwelt. Lyotard möchte demgegenüber darauf hinaus, daß der Anlaß der Reflexion etwas Äußeres, Heterogenes ist, etwas Gegebenes, Unmittelbares oder Präreflexives. »Logozentrismus« ist zunächst einmal mehr ein Vorwurf als ein Einwand, denn es könnte ja unvermeidlich sein, so zu denken. Es könnte ja sein, daß unser Denken eine notwendig argumentative Struktur hat und jegliche »Außenwelt« selber nur wieder in der Form des Denkens reproduzieren kann, daß also der Gedanke des unmittelbar Gegebenen ein Widerspruch in sich wäre.

Schon im *Widerstreit* hatte Lyotard zwar von der Sprache her argumentiert, also, wenn man so will, von der Ebene des *logos*, aber das Außen doch in den Blick bekommen. Auschwitz war für ihn »etwas Neues in der Geschichte«, das nur ein Zeichen und keine Tatsache sein kann[14], bei dem ein Gefühl bleibt, ein Unrecht, ein Schweigen, etwas, das wahrgenommen werden kann, aber gleichwohl »nicht darstellbar«[15] ist. Heidegger hatte das Konzept des An-Denkens vertreten. Im Grunde läuft Lyotards Philosophie genau darauf hinaus. Ein solcher Versuch des An-Denkens des Heterogenen ist es, den Lyotard Apel entgegensetzt. Es kommt ihm darauf an, das Präreflexive, das Vorab des Seins, eine Art »Kindheit des Denkens«[16] gegen die Argumentationsphilosophie zu setzen, die dann, wenn man dies Bild weiterverfolgt, die erwachsene Stufe des Denkens wäre, die den unmittelbaren Zugang zur Welt verloren hat.

Auch bei anderen »postmodernen« Philosophen findet sich diese Erinnerung, z. B. bei dem Italiener Gianni Vattimo: »Das An-denken ist jenes Denken, das das Sein als das Andere erinnert, das die ›Differenz als Differenz‹ denkt; das nämlich das Sein als etwas denkt, das sich nicht mit dem Seienden identifiziert«[17]. Um seine Heidegger-Anknüpfung in diesem Punkt annehmbar zu machen, weist Vattimo darauf hin, daß in einem gewissen Sinn das An-denken auch die kritische Tragweite des Denkens zurückfordert gegenüber der Negativität einer abstrakten Situation, in der die Menschen die Fähigkeit verloren haben, sich auf alternative Instanzen gegenüber der jetzigen Ordnung zu berufen[18]. Hiermit spielt er auf Adornos *Negative Dialektik* an. Heideggers Differenz von Sein und Seiendem ist zu einem der Vorbilder für die verschiedenen Philosophien der Heterogenität geworden, die derzeit als postmodernes Denken zusammengefaßt werden.

Erstaunlich genug ist, daß Adornos Absichten in der *Negativen Dialektik* in eine ganz ähnliche Richtung gehen. Albrecht Wellmer stellt sie deshalb als eine »Philosophie der Postmoderne« dar[19]. Adornos Kritik gipfelt in dem Versuch, das begriffliche Identifizieren als Schein zu entlarven, weil die Gegenstände und Eigennamen, die unter Begriffen zusammengefaßt werden, in Wahrheit gar nicht identisch sind. Es ist die paradoxe Denkfigur, mit dem Begriff gegen den Begriff zu denken, paradox deshalb, weil das Nicht-Identische umschrieben, das Undenkbare doch zu denken versucht wird.

Es sind Welten, die Adorno und Heidegger politisch voneinander trennen; die Betonung des Nicht-Identischen oder der Differenz ist aber eine irritierende Gemeinsamkeit, die einen Reflexionskern postmoderner Philosophie ausmacht. Dies sicher nicht deshalb, weil man sich vorgenommen hat, Adorno und Heidegger zusammendenken zu wollen, sondern weil man ziemlich verzweifelt gedankliche Lösungsansätze für offenbar aporetische Grundlagenprobleme sucht, in die die Philosophie unseres Jahrhunderts geraten ist.

Die Gemeinsamkeit zwischen Adorno und Heidegger zeigt auch, daß ein in der Politik offenbar orientierungsnotwendiges Lagerdenken so nicht auf Grundlagenfragen der Philosophie übertragbar ist. Gianni Vattimo und Lyotard haben einige wichtige Gedanken Heideggers rezipiert – das beweist aber genausowenig, daß sie rechts stünden, wie eine Adorno-Rezeption schon der Ausweis der Zugehörigkeit zur Partei der Emanzipation ist.

Wir sind hier an dem Punkt, wo man auf jene »Zweideutigkeit« kommen muß, »die für viele Strömungen kennzeichnend ist, die heute unter dem Titel der Postmoderne genannt werden: ob es sich nun um alternative soziale Bewegungen handelt oder um »post-moderne« Wissenschafts- und Kulturtheorien – vom erkenntnistheoretischen Anarchismus Paul Feyerabends bis zum französischen Post-Strukturalismus. Es ist die Zweideutigkeit von Bewegungen, von politischen und theoretischen Impulsen, die auf der einen Seite gegenüber einer technokratisch pervertierten Moderne auf die Verteidigung kommunikativer Strukturen, semantischer Potentiale, ökologischer Gleichgewichte oder von Möglichkeiten einer unreglementierten Selbstäußerung der Subjekte ausgerichtet sind, also auf die Verteidigung von Bedingungen, ohne deren Erhaltung die Moderne das ihr eigentümliche Potential an Humanität unter sich begraben müßte; und die auf der anderen Seite häufig genug mit der Abkehr von der technokratischen Moderne den Rückzug aus der Moderne überhaupt proklamieren. Wo letzteres geschieht, wird die Kritik am technokratischen Rationalismus zum Irrationalismus, der Kontextualismus zum Partikularismus, der Kult der Bodenständigkeit zur bloßen Mode oder – schlimmer – zur Regression, und die

Wiederentdeckung der symbolischen Funktion der Architektur zur ideologischen oder autoritären Geste«[20].

Kritik an überdrehter und gefährlicher Technologie kann auch irrationale Regression sein, Ökologie auch heimattümelnder Bodenkult, Ablehnung des moralischen Universalismus kann auch die Akzeptanz blutrünstiger Rechtssysteme bedeuten, die Wiederentdeckung des Ornamentalen in der Architektur kann auch zum kitschigen Betonschmuck werden usw. Diese Zweideutigkeiten (eigentlich sind es Mehrdeutigkeiten) sind für die Postmoderne insofern charakteristisch, als sie auf ein Denken zurückverweisen, das ein perspektivisches Sehen lehrt und dadurch versucht, den verschiedenen Möglichkeiten gerecht zu werden. Einheitliches und eindeutiges Denken wird allerdings nicht mutwillig aufgegeben – vielmehr wird gerade seine Grundwidersprüchlichkeit herausgearbeitet und so seine Unhaltbarkeit gezeigt.

Eine politische Partei, die die Emanzipation durch konsequente Vereinheitlichung der Interessen anstrebt, produziert den innerparteilichen Terror; wo sie an die Herrschaft kommt, auch den nach außen. Ein Emanzipationsbegriff, der nur *eine* Art von Freiheit zuläßt, verfällt der Selbstaufhebung. Es sind auch elementare politische Erfahrungen, die zu diesem pluralistischen Rationalitätsbegriff geführt haben. Es scheint so zu sein, daß er nur um den Preis der Mehrdeutigkeit zu haben ist, daß andere Konzepte, auch etwa die Heideggers, in das Denken hineingenommen werden müssen. Muß irgendetwas ausgegrenzt werden? Sicher. Lyotard hat das im *Widerstreit* am Fall Auschwitz deutlich genug dargelegt.

Der Leitfaden seines Denkens ist aber nicht die Heidegger-Interpretation, sondern eine Umdeutung zentraler Gedanken aus Kants *Kritik der Urteilskraft*. Ich sage Umdeutung und nicht Interpretation, weil er Kant in einer sehr eigenen Weise gegen den Wortlaut auslegt und sich in einigen grundsätzlichen Punkten auch ausdrücklich von ihm absetzt. »Wenn es stimmt, daß die Schönheit keine Eigenschaft des Objekts ist, dann muß man auch sagen, daß der Geschmack nicht die Eigenschaft eines Subjekts ist«[21] – vielmehr ist der Geschmack eher ein Gefühl, das vor dem Subjekt liegt, das das Subjekt überhaupt erst konstituiert. Es ist im Grunde eine ursprüngliche Ausrichtung auf das andere.

Das Rätsel der Ästhetik im eigentlichen Sinne, dasjenige, das dabei ist, das ontologische Rätsel (daß es überhaupt etwas gibt) abzulösen, ist das unmittelbare Übergehen von Formen in Gefühle.[22]

Zur Verdeutlichung: der Begriff »Ästhetik« meint bei Kant einerseits das Wahrnehmungsvermögen für die Kunst, andererseits, in einem weiteren und grundlegenderen Sinn, das sinnliche Wahrnehmungsvermögen überhaupt. Lyotards Interpretation siedelt sich auf der Grenzlinie zwischen diesen beiden Bedeutungen an. Über Geschmacksurteile läßt sich nicht argumentativ disputieren, der Übergang des ästhetischen Gefühls von einem Individuum zum anderen ist durch rationale Argumentation nicht möglich, sondern nur ohne Vermittlung, z. B. durch ein stillschweigendes Teilhaben[23]. Es gibt offenbar so etwas wie eine ideale Gefühlsgemeinschaft, »eine Kindheit der Gemeinschaft, eine Transsubjektivität, die der Konstitution individueller Subjekte vorausgeht«[24]. Hierfür verwendet Lyotard den Ausdruck »gestaltbildendes Plasma«[25], weil hieraus überhaupt erst die Vermittlung, die Argumentation, die kritische Logizität, ja, das Werk Kants selbst hervorgehen.

Die Reflexion über das Geschmacksurteil führt also letzten Endes dort, wo nicht mehr ausgereifte Verfahrensregeln eingeübter Sprachspiele gelten, nämlich beim ästhetischen Gefühl, auf dies Plasma, auf diese »Geburtsstätte«, und keineswegs auf eine argumentative oder kognitive Bühne[26]. Die Formulierung »Plasma« hält Lyotard selbst für problematisch, weil metaphysisch. Es wäre natürlich möglich, dieses letzte Ergebnis der Reflexion als Mythos oder als Fabel zu erzählen;

Lyotard betont aber, daß »eine solche Zuflucht dem zum Kritizismus gebildeten Geist widerstrebt«[27]. Deshalb schlägt er statt »Plasma« den Begriff »passive Synthese« vor, also nicht gesteuerte Zusammenstimmung der Einbildungskraft. Sein Fazit:

Die Grundlage der kritischen Vernunft besteht nicht in der Logik noch in der Pragmatik und auch nicht in der subjektiven Evidenz, sondern in der ursprünglichen Empfänglichkeit für das Ereignis, daß Gegebenes ist. Ohne diese Aufnahme des Anderen, das das Geheimnis der Kritik ist, gibt es nichts zu denken.[28]

Gegenüber dieser These ist es wichtig, daran zu erinnern, daß die »ideale Gefühlsgemeinschaft« kein vor-argumentativer Ursprung ist, sondern etwas, das jede Kultur für sich auf sehr willkürliche und widerspruchsvolle Weise hervorbringt. Es handelt sich um etwas Empirisches und immer erst Produziertes, was aber geltungstheoretisch nichts beweist. Gerade die künstlerische Moderne hat praktisch gezeigt, in welchem Maß das Gefühl des Schönen eine Illusion sein kann. Kunst ist heute durchweg von Reflexivität geprägt, von dem Versuch, das Gefühl des Schönen oft schon im Ansatz zu ersticken oder wenigstens zu irritieren, den Betrachter zum Stutzen zu bringen. Vor einer schwarz eingefärbten Leinwand von Ad Reinhard ist wohl weder ein Gefühl des Schönen noch des Erhabenen angemessen, sondern vielmehr eine Reflexion über die Möglichkeiten und Grenzen von Kunst oder darüber, ob dies nun als ein nicht überschreitbarer Endpunkt der Malerei (jedenfalls der Ölmalerei) angesehen werden kann[29].

Das empirisch Gegebene, und sei es das Gefühl, ist allenfalls, was die Entstehungsgeschichte, die Genesis angeht, ein Letztes oder Ursprüngliches noch vor der Argumentation. Was die Geltung betrifft, ist die Argumentation mindestens gleichrangig – denn sie könnte, wie soeben geschehen, die Frage stellen, ob nicht statt eines gefühlsmäßigen Einklangs vielmehr eine Reflexion angemessen wäre. Wenn dann gesagt würde: nein, man muß das Gefühl respektieren usw., ist das auch nur wieder eine Argumentation, weil nämlich der Geltungsanspruch oder das Recht des Gefühls begründet wird und sich nunmehr argumentativ ausweist gegenüber anderen Ansprüchen, die ebenfalls geltend gemacht werden, z. B. anderen Gefühlen oder eben Vernunftansprüchen.

An diesem Beispiel zeigt sich, daß Apels Argumentation[30] tatsächlich unhintergehbar ist. Es zeigt aber auch, ganz im Sinne Apels und gegen ein naheliegendes Mißverständnis, die (selber reflexiv herauszuarbeitenden) Grenzen des Argumentierens: Es wäre illegitim und argumentativ nicht begründbar, nun etwa jedem Gefühl sein Recht abzusprechen.

Lyotard ist kein »Vernunftkritiker«, er sucht im Grunde nach einer präreflexiven Vernunftgrundlage vor aller Argumentation. Er hält ursprüngliche Empfänglichkeit dabei durchaus für vernünftig – er verwendet also einen weiten Vernunftbegriff. Charakteristisch für die Situation der Postmoderne ist nach Lyotards Meinung, daß die Ästhetik im weiteren Sinn, d. h.

> die Empfänglichkeit für die Gebung des Anderen nach räumlichen und zeitlichen Formen, die die Grundlage für die kritische und romantische Moderne abgibt, sich zurückgedrängt, geschwächt und zum Widerstand gegen die tatsächliche Vorherrschaft der wissenschaftlich-technischen und pragmatischen Vereinnahmung des Zeit-Raums gezwungen sieht.[31]

Mit der Grundlagenkrise der Naturerkenntnis, mit der Entwicklung einer nicht-euklidischen Geometrie, der Axiomatisierung der Arithmetik und der nicht-newtonschen Physik gewinnt der Begriff den Vorrang vor der Anschauung[32].

> So ist die Perspektive auf eine begriffliche Erkenntnis oder ein System eröffnet, das aus reiner Argumentation erwächst und, weil bloß begrifflich, keine Mittel hat, seine Objektivität auf eine Berufung auf

passive Synthesen zu gründen, die das Gegebene für seine Aufnahme durch den Verstand vorstrukturieren.[33]

Die zunehmende szientistische Verbegrifflichung des Denkens führt zu einer Unempfindsamkeit für das Gegebene. Lyotard hält es für nützlich, in den verschiedenen Lebensbereichen außerhalb des streng begrifflichen oder des wissenschaftlichen Denkens, z.B. Theater, Politik, Theologie, Ökonomie, Mythologie, die unzähligen Hinweise wieder aufzunehmen, »die mit einem obsoleten Wahn im abendländischen Denken brechen, mit dem Wahn eines Entzugs der Formen der Gebung zugunsten der Vorherrschaft des Kalküls und des Geschmiedeten«[34]. Er spielt an auf den wissenschaftlich-technischen Teufel in Goethes *Faust*, auf moderne Kunst (im Gegensatz zu dem oben angedeuteten Versuch, ihren Kern als Reflexivität zu sehen) als Suche nach dem verlorenen Zeit-Raum etc. Der wissenschaftliche Verstand hat die Aufgaben an sich gezogen, die früher die Anschauung hatte. Daraus folgert er für das Menschenbild: das ist eine Abstraktion, die im Grunde die Menschen von ihrer irdischen Rolle als Lebewesen befreit.

War seine Haltung zur modernen Technologie in *Das postmoderne Wissen* noch eher ambivalent, so ist sie hier im grundsätzlichen Bereich uneingeschränkt kritisch. Er hält die Logizismen für begriffliche Trugbilder, für die Etablierung einer Allmacht des Konstruierens, des *fingere* (dessen Bedeutung sich von ›gestatten‹ zu ›fingieren‹ ändert) und des *fabricare* (Schmiedens)[35]. Sein Begriff der »Postmoderne« ist damit ebenfalls sehr viel kritischer und distanzierter geworden. Ihre Grundlage ist die »Unempfindsamkeit«[36]. Es ist sicherlich nicht falsch, Lyotard als einen Philosophen der Postmoderne zu kennzeichnen; er ist allerdings kein Freund der postmodernen Wirklichkeit, wenn damit die gegenwärtige Entwicklung der Techno-Wissenschaft gemeint ist.

Er ist das Gegenteil eines Neokonservativen in Habermas' oder auch in Hermann Lübbes Sinn, denn dazu gehört die

Bejahung des technischen Fortschritts und dementsprechend natürlich auch des szientistischen Denkens. Wir haben Lyotard im *Widerstreit* als Denker der Vielheit, der Heterogenität, kennengelernt. Schon dort war eine Reihe von Anzeichen dafür zu entdecken, daß die sprachphilosopisch begründete Unvereinbarkeit der Diskursarten nicht das letzte Wort sein würde. Auf der Ebene der Sprache ist die Heterogenität in der Tat unvermeidlich – deshalb wendet er sich gegen jede Konsenstheorie und diskursive Letztbegründung, die er noch der Ebene des Logozentrismus, also eigentlich des Verstandes, zurechnet. Die Vernunft faßt er weiter, auch die unmittelbare Empfänglichkeit für das Gegebene ist ja vernünftig. Hat Lyotard auf dieser sehr ursprünglichen, vordiskursiven Ebene damit vielleicht doch so etwas wie eine Vernunfteinheit hergestellt, etwa in Gestalt der »passiven Synthese« oder des »Plasma«?

Ich bezweifle das, weil die passive Synthese im Grunde das unvermittelte Hinübergleiten der Vielfalt des Gegebenen in die Wahrnehmung ist. Lyotard umgeht oder überspringt damit zwei traditionell entscheidende Momente des Denkens: das Bewußtsein und das Subjekt.

Er versucht, sich eine Wahrnehmung vorzustellen, die gerade nicht von der ständig möglichen Vergewisserung des »ich denke« begleitet ist. Er versucht, die Wahrnehmung ohne bewußtes Subjekt zu denken und damit auch ohne Einheit. Er möchte begriffslose Wahrnehmungsweisen wieder in ihr Recht einsetzen. Wenn man von einer Geschichte des Denkens her argumentieren will, in der die Begrifflichkeit immer größere Räume erobert, die zunächst der Anschauung vorbehalten waren, dann handelt es sich bei dem, was Lyotard vorschwebt, um eine Art Schritt zurück, eine Erinnerung an das Gegebene, das Andere des Begriffs, das auf Grund des Allmachtswahns des Logozentrismus in der permanenten Gefahr ist, vergessen zu werden.

10. Der Streit um die politische Verortung von Lyotards Denken

Richard Rortys Kritik an Lyotard

Der amerikanische Philosoph Richard Rorty hat die bislang ausführlichste und gründlichste Kritik an Lyotard von einem politischen Standpunkt aus vorgetragen. Rorty geht aus vom pragmatischen Denken John Deweys (1859-1952) und bezeichnet seinen eigenen Standpunkt als den eines westlichen sozialdemokratischen Intellektuellen[1]. Die beiden Elemente dieser Grundhaltung sind parlamentarische Demokratie und Wohlfahrtsstaat.

Rorty bezweifelt Lyotards Hauptthese, daß es inkommensurable und unübersetzbare Diskurse gibt. Man muß zwischen zwei Thesen unterscheiden: »1. Es gibt keine universelle Sprache, die ein Idiom bereitstellt, in das man jede neue Theorie, jede poetische Sprache und jede Eingeborenenkultur übersetzen könnte. 2. Es gibt Sprachen, die nicht erlernbar sind«[2].

Nur die erste These ist von Thomas S. Kuhn, Wittgenstein und den Anthropologen her vertraut. Die zweite These ist nach Rorty dagegen nicht haltbar. Schon wenn man mit linguistischen Mitteln Sprechhandlungen beschreibt, findet man ja einen Zugang; und wenn irgendwelche Regelmäßigkeiten auftreten (das ist die Bedingung einer Sprache), ist sie letztlich auch erlernbar. Vor allem gibt es eine Basis von lebensweltlichen Gemeinsamkeiten. Zum Beispiel wird der Anthropologe, der ein Eingeborenendorf besucht, in einer Reihe von Alltagsfragen mit den Stammesmitgliedern einig sein: daß man sich vor Giftschlangen in Acht nehmen sollte, daß man bei schlechtem Wetter Zuflucht sucht, daß man Ausdauer und Mut benötigt usw. Wenn man das Erlernen einer Sprache als das Erlernen einer Alltagstechnik, als ein Gewußt-wie betrachtet, braucht man keine Metasprache, keine Metatechnik, man benötigt »Wißbegierde, Toleranz, Geduld und harte Arbeit«[3]. Es gibt also nur vorübergehende Inkommensurabilitäten. Die Gräben sind nicht, wie Lyotard meint, prinzipiell unüberwindbar. So wird man sich mit jedem sozialdemokratischen oder (im amerikanischen Sprachgebrauch) »liberalen« Reformer leicht darauf einigen können, daß die Überredung besser ist als die Gewalt.

Dies ist die pragmatische Grundüberzeugung. Lyotards Ansatz übertreibt hier die Differenz ins Prinzipielle, während es dem Pragmatiker gerade darauf ankommt, den unlösbaren Widerstreit durch einen entscheidbaren Rechtsstreit zu ersetzen. Natürlich gibt es dabei nur temporäre und begrenzte Übereinkünfte. Lyotard hat sicherlich recht, wenn er das Ende der Suche nach einem großen kommensurablen Metadiskurs konstatiert; er hat nicht recht, wenn er darüber hinausgeht, weil vor allem die nützliche Unterscheidung zwischen Überredung und Gewalt nur auf Grund der Annahme gewisser Gemeinsamkeiten des Diskurses durchführbar ist.

Mit dieser Begriffsopposition Überredung/Gewalt hat Rorty natürlich eine Falle aufgebaut, in die Lyotard, wie es wohl den meisten kontinentalen Intellektuellen geschehen wäre, sofort hineingetappt ist. Lyotard machte Rorty auf den grundsätzlichen Unterschied von überreden (persuader) und überzeugen (convaincre) aufmerksam, worauf Richard Rorty nur trocken konterte: wie soll man diese traditionellen griechischen Unterscheidungen überhaupt machen, wenn man nicht von einer Metaerzählung ausgeht, die beinhaltet, wie sich das menschliche Subjekt von Irrtümern und Vorurteilen befreit[4]. In der Tat, die Unterscheidung zwischen Überreden und Überzeugen setzt eine Philosophie des selbstbestimmten Subjekts voraus, die heute keineswegs mehr selbstverständlich ist. Von Lyotards Theorie her ist diese Unterscheidung nicht zu begründen.

Rorty hatte, um den temporären Charakter politischer Überzeugungen in gut pragmatischer Weise zu betonen, sich sehr bekenntnishaft sozialdemokratisch geäußert. Lyotards Antwort darauf ist bemerkenswert: »Ich habe vielleicht im Grunde keine politische Differenz mit Richard Rorty. Aber wir haben tiefe philosophische Differenzen«[5].

Lyotard meint mit dem ersten Satz sicherlich die allgemeine politische Richtung. Was die Haltung zu konkreten Fragen angeht, sind die Differenzen dennoch durchaus diskutierenswert. Rorty bemängelt z. B. fehlenden Glauben an die liberale Demokratie bei den französischen Denkern, ihren totalen Anti-Utopismus, ihren Anti-Parlamentarismus. Rorty hält die Doktrin des (Sozial-)Liberalismus für unwiderlegbar – es sei denn, sie würde durch eine bessere Idee für die Organisation der menschlichen Gesellschaft ersetzt. Deshalb möchte er bei der Linie Dewey-Habermas bleiben und Begriffe wie »Überredung statt Gewalt« oder Konsensus als Ausdruck seiner politischen Visionen beibehalten. Er kann nicht begreifen, weshalb Philosophen wie Lyotard die Tendenz haben, bestimmte historische Ereignisse (z. B. den Mai 1968) als Beweis für den Bankrott sozialer Reformstrategien zu nehmen, die sehr viel älter sind.

Möglicherweise sind viele Differenzen zwischen angelsächsischen (wohl auch, in diesem Fall, deutschen) und französischen Philosophien auf stilistische Unterschiede zurückzuführen. Französisch ist der Gestus der radikalen Kritik, angelsächsisch die Haltung, daß alle ohnehin die gleiche Sprache sprechen, daß Fragen der Vokabeln »bloß verbal« sind. Wichtig ist vor allem jedoch der Unterschied zwischen reformistischer und revolutionärer politischer Haltung. Für französische Intellektuelle ist jede seriöse Politik ohne weiteres revolutionär, für Angelsachsen ist seriöse Politik reformistisch, und revolutionäres Denken gilt als intellektueller Exhibitionismus[6].

Wie schon bei der Verwendung des Begriffs »postmodern« handelt es sich hier wieder um eine der Stellen, an denen wir einen Unterschied der »Tonart« zwischen verschiedenen Arten des Philosophierens feststellen müssen. Den in Deutschland üblichen Irrationalismusvorwurf kann Rorty gegen das französische Denken nicht erheben, weil er sehr bewußt von einem »unkritischen« Rationalitätskonzept ausgeht, das Rationalität mit »überredend« und Irrationalität mit »Gewalt hervorbringend« übersetzt[7]. Die Unterstellung der Gewalttätigkeit macht Rorty dem französischen Denken allerdings nicht.

Der Streit um Lyotard in der Bundesrepublik

Es gibt in der Bundesrepublik so etwas wie eine Schicht der Polemik, die sich vor eine eigenständige Auseinandersetzung mit französischen Theoretikern zu schieben droht, eine eigentümliche Art der Abwehr. Eine Art Gründungsdokument dafür ist Jürgen Habermas' Rede »Die Moderne – ein unvollendetes Projekt«, die er 1980 aus Anlaß der Verleihung des Adorno-Preises in der Frankfurter Paulskirche gehalten hat[8]. Wirkungsvoll war vor allem seine Typologie von drei modernismuskritischen Strömungen:

- die Jungkonservativen (Bataille, Foucault, Derrida), die mit modernistischer Attitüde einen unversöhnlichen Antimodernismus vertreten;

– die Altkonservativen (Hans Jonas, Robert Spaemann), die die Rückkehr zu Positionen vor der Moderne empfehlen;
– die Neukonservativen, die die Entwicklung der modernen Wissenschaft begrüßen, aber den explosiven Gehalt der kulturellen Moderne entschärfen und die Politik von moralisch-praktischen Rechtfertigungen freihalten wollen[9].

Für die dritte Gruppe nennt Habermas keine aktuellen Namen. Es ist auch, wenigstens in gedruckten, nachlesbaren Texten, nie direkt ausgesprochen worden, daß das Etikett »neokonservativ« Lyotard anzuheften sei. Irgendwie ist es aber doch nach Paris gedrungen, und in seinem Essay »Beantwortung der Frage: Was ist postmodern?« reagiert Lyotard sehr irritiert mit dem Hinweis, daß die Postmoderne in der Tat die Vorstellung eines einheitlichen Ziels der Geschichte und eines Subjekts einer strengen Prüfung unterziehen will:

> Nicht nur Wittgenstein und Adorno haben diese Kritik begonnen, sondern auch einige Denker, ob nun Franzosen oder nicht, die indes nicht die Ehre hatten, von Professor Habermas gelesen zu werden – was ihnen freilich erspart, sich wegen Neo-Konservatismus eine schlechte Zensur zuzuziehen.[10]

Aber auch dieses Bekenntnis – immerhin zu Adorno – reichte nicht, um das Etikett aus der Welt zu schaffen. Der beinahe verletzte Hinweis an Habermas, doch endlich Lyotard zur Kenntnis zu nehmen, half nichts. 1985 veröffentlichte Habermas seine große Auseinandersetzung mit dem französischen Neostrukturalismus – Lyotard wird nicht behandelt[11].

Seyla Benhabib, die in Starnberg in den Umkreis von Habermas geraten war, wiederholte das Schlagwort – durchaus nicht undifferenziert. Für sie »eröffnet der Niedergang des klassischen Marxismus die Möglichkeit einer postmarxistischen, radikalen, demokratischen Politik. Es steht zur Debatte, ob das von Lyotard vorgeschlagene Konzept des Polytheismus und der Agonistik zu diesem Vorhaben beiträgt, oder ob unter der Tarnung Postmoderne ein Neokonservatismus in der Avantgarde der achtziger Jahre entsteht«[12]. Ganz ähnlich heißt es bei Gérard Raulet, einem französischen Germanisten: »Man könnte ihn, nach Habermas' Kriterien, durchaus als ›Neu-Konservativen‹ (neben Lübbe oder Luhmann) bezeichnen«[13].

Das alles war eine vorsichtige Polemik, eher im Tone der Besorgnis, wirkte aber wie eine üble Nachrede. In einem Gespräch mit Raulet erklärte Lyotard deshalb direkt, er fühle sich »keineswegs als Neo-Liberalist im Sinne von Habermas«[14]: »Ich verkünde keinen Neo-Konservatismus, nein. Ich bin ihm recht feindlich gesinnt, finde ihn verlogen und plump«[15]. Lyotard bezieht sich auf den Nord-Süd-Konflikt, das Problem der Dritten Welt, den Gegensatz von Arbeit und Arbeitslosigkeit und bemerkt dazu: »An dieser Stelle bin ich nicht neo-liberal und bleibe Sozialist, im alten Sinne des Sozialismus«[16].

Das sind Bekenntnisse – aber wie soll man auf schlagwortartige Etiketten anders als mit Bekenntnissen antworten? Ganz fruchtlos sind sie denn auch nicht geblieben. Emil Angehrn spricht in Anlehnung an Jacques Bouveresse in seinem Literaturbericht »Krise der Vernunft?« von einem linken Postmodernismus Lyotards. Die ganze Problematik dieser Etikettierungen zeigt sich aber daran, daß Richard Rorty im gleichen Atemzug zum »bürgerlichen« Postmodernisten gestempelt wird[17]. Solche Zurechnungen sind kriterienlos und willkürlich, aber außerordentlich wirkungsvoll – sie wirken nämlich als Rezeptionsvorgaben, die entweder von vornherein die Lektüre bestimmter Texte verhindern, oder aber dem Leser eine bestimmte perspektivische Lektüre nahelegen, die insbesondere bei schwierigen Texten zu fatalen Mißverständnissen führen kann, vor allem dann, wenn die Kommunikationsgemeinschaft im Umkreis des Lesers – von den gleichen Schlagworten geprägt – ähnlich denkt und redet und die Rezeptionsirrtümer sich so gegenseitig bestätigen.

Wirklich interessant wird Kritik dort, wo sie sich auf Grundgedanken einläßt. Das ist Albrecht Wellmers Ansatz, der »mit Lyotard von einer irreduziblen Pluralität ineinander verschachtelter Sprachspiele in jeder modernen – oder postmodernen – Gesellschaft« ausgeht[18]. Wellmer fragt weiter: Wie soll dann aber eine Gerechtigkeit ohne Konsens entstehen? Ist Lyotards Forderung des freien Zugangs der Öffentlichkeit zu den Speichern und Datenbanken nicht die klassische Forderung der Aufklärung nach einer frei diskutierenden Öffentlichkeit? Wenn dies so ist, wäre das »eine überraschende Bestätigung der Grundidee von Habermas' Theorie der kommunikativen Rationalität«[19].

In einer Kernfrage wären die scheinbaren Antipoden also einig – und ihre Vorstellung würde Marxens Idee von den »frei assoziierten Produzenten« entsprechen. Das Problem scheint gar nicht so sehr die Grundidee zu sein, vielmehr die Gewichtung: »Was Lyotard beinah nur in Nebensätzen erwähnt – und dies ist charakteristisch für den gesamten postmodernistischen und postempiristischen Anarchismus – ist das Problem, um das sich die Freiheitskämpfe der unterdrückten Völker, die Emanzipationsbewegungen unterdrückter Minoritäten, der Kampf für eine demokratische Psychiatrie, ja letztlich alle Konflikte und Krisen der industriellen Gesellschaften heute drehen, ohne daß irgendjemand sagen könnte, wie und in welcher Form sich die Idee einer allgemeinen, individuellen und kollektiven Selbstbestimmung der Individuen, Gruppen und Völker verwirklichen ließe. Was Lyotard für die Ebene des postmodernen Wissens formuliert hat, wäre für die Ebene einer postmodernen Praxis erst noch zu formulieren. Das würde aber bedeuten, die demokratischen und universalistischen Ideen der Aufklärung in eine politische Philosophie zu übersetzen, in der der Pluralismus der ›Sprachspiele‹ als ein Pluralismus von Institutionen wiederkehrt«[20].

Wellmers Denkansatz läuft auf eine Pluralismustheorie hinaus, die den demokratischen Universalismus der Aufklärung mit einer Wiederaneignung der Marxschen Problemstellung verbindet. Ich sehe in der Tat für Lyotards offene Frage der Gerechtigkeit keine andere Lösung. Sein Dogma von den ineinander unübersetzbaren Sprachspielen, von den Vermögen, die »durch einen Abgrund voneinander geschieden sind«[21], müßte dann allerdings aufgegeben werden zugunsten eines Konzepts »pluraler Rationalitäten«[22], die nicht miteinander »versöhnt« werden müssen, wohl aber von Fall zu Fall durchlässig sind. Letztlich beruhen die verschiedenen Sprachspiele ja auf der Grundlage einer gemeinsamen Lebenswelt.

Lyotards Gedanke von der prinzipiellen Heterogenität der Sprachspiele wird auf Dauer der Kritik nicht standhalten können. Die Sprache ist zwar heterogen, die Suche nach Metaebenen wird schnell aporetisch, aber es gibt Vorgaben. Man muß sich einfach über eine Reihe von Fragen präskriptiver wie kognitiver Art verständigen, wenn man gesellschaftlich existieren will. Deshalb ist die Suche nach Übergängen unvermeidlich. Diese können aber durchaus sprachlich sein – sie müssen nicht vorsprachlich sein, sie müssen nicht durch das Gefühl des Schönen oder Erhabenen erzeugt werden. In den unmittelbaren Gefühlsformen des Sich-Verständigens steckt immer die Gefahr, daß Kritikfähigkeit und Reflexion ausgeschaltet werden, daß man sich nicht mehr fragt: »Was mache ich hier eigentlich?«, oder, um es mit einem Wort zu sagen, die Gefahr, daß man einer Massenpsychose zum Opfer fällt (die auch eine Gruppenpsychose sein kann).

Die gedankliche Mühe, die verschiedenen Diskursarten streng zu trennen, nicht vom Sein zum Sollen überzugehen, wie man doch spontan immer geneigt ist, zeigt meiner Meinung nach, daß Übergänge der Sprache immer schon innewohnen. Es ist richtig, zu kritisieren, daß die scheinbare Einheit der Sprache die Illusion der Denkeinheit erzeugt.

Wer aber *mit logischen Gründen* eine Metasprache ausschließt, erkennt letzten Endes doch etwas Übergeordnetes an: das Logische.

Philosophische Einheitstheoretiker betonen üblicherweise allein diesen Aspekt. Man muß sich jedoch vor Augen führen, daß das Logische die Mannigfaltigkeit der Sprachmöglichkeiten kaum wirksam strukturieren kann und daß es aus inneren Gründen (siehe Kap. 4 in diesem Band über Gödel) immer wieder auf Aporien führt. Lyotard betont deshalb den Aspekt der Pluralität. Es ist viel mehr als eine Geschmacksfrage, es ist eine Frage der Perspektive, ob man, wenn unlösbare Widersprüche auftreten, die Notwendigkeit ihrer Vermeidung betont, oder ob man den Akzent setzt auf die Notwendigkeit ihres Zustandekommens. Lyotards Stärke liegt im letzteren. Diese unterschiedliche Fragerichtung dürfte der Kern seiner Differenz mit Habermas sein.

Schluß

Gefällige Gruppierungen irgendwelcher französischer Theoretiker als »Neue Philosophen«, »Poststrukturalisten« usw., die ja ursprünglich der Orientierung dienen sollten, sind problematisch und verwirrend geworden. Ihr Nutzen läßt nach. Es ist wie bei uns: Natürlich ist Habermas geprägt worden durch die Frankfurter Schule Horkheimers und Adornos – er ist aber einen völlig eigenen Weg gegangen. Das Theorie-Imperium, das er aufgebaut hat, verdient allein das Namensetikett Habermas. Was die »Neuen Philosophen« angeht: es gibt inzwischen den religiösen Lévy, es gibt den brillanten Schreiber André Glucksmann, der ein philosophisches Feuilleton auf hohem Niveau bietet (in Deutschland vielleicht mit Peter Sloterdijk zu vergleichen). Poststrukturalisten? Es gibt Foucault, der mit seinen Materialbergen einen Kontinent für sich bildet. Es gibt Baudrillard, den man nur schätzen kann, wenn man sich an seine stilistischen Eigentümlichkeiten gewöhnen mag. Er wird der Postmoderne zugerechnet – Lyotard bestreitet ihm dies Prädikat. Gilles Deleuze ist weiterhin die große anregende Gestalt im Hintergrund, um ihn herum gibt es eine Reihe von »Nietzscheanern«, die aber durch Deleuzes Nietzsche-Rezeption meist nur in einer bestimmten Phase ihrer Entwicklung geprägt wurden. Es wäre wieder eine falsche Etikettierung, von einer Schule des französischen Nietzscheanismus sprechen zu wollen[1]. Der einzige, den man wirklich einen Poststrukturalisten nennen könnte, ist Jacques Derrida. Aber gegenüber seinem Werk wäre dieses Etikett schon wieder eine Verkürzung.

Es ist charakteristisch für die gegenwärtige intellektuelle Situation, daß die Lager sich auflösen, die Schulen, wenn überhaupt, sich erst wieder zu bilden beginnen. Orientieren kann man sich allenfalls an Namen, denn auch die Rezeption (etwa von Kant, Wittgenstein oder Nietzsche) erfolgt auf eine sehr eigene, eigenständige Weise, so daß der Anhaltspunkt nur in der Person des aneignenden Theoretikers liegt. Wenn man nun noch genauer hinschaut, sind auch dort große Wandlungen auszumachen. Es gibt Intentionen, Intuitionen, die beim Deleuze des Nietzsche-Buches mit dem Deleuze des *Anti-Ödipus* übereinstimmen. Die Argumente jedoch sind vollkommen andere geworden, und sie sind für uns Leser das Wichtige, weil wir an der Person und Persönlichkeit von Deleuze ja erst in zweiter Linie interessiert sind.

Der Lyotard der *Ökonomie des Wunsches* ist ein bewußt widerspruchsvolle, inkonsistente Texte produzierender Irrationalist. Sein Buch läßt keine wirkliche Diskussion zu. Der heutige Lyotard ist ein brillanter Rationalist, der immer noch das gleiche beweisen will – aber mit Argumenten, die auch ein eingefleischter Kantianer verstehen kann. Dazwischen liegen Welten. Weil aber die Personen und meist auch die Intuitionen eine gewisse Übereinstimmung aufweisen, ist die Orientierung an den Namen, an Foucault, an Lyotard in dieser postmodernen Theoriesituation noch die einfachste und jedenfalls weniger irreführend als eine willkürlich von außen Ordnung schaffende Erfindung von Gruppen oder Schulen, die nicht tatsächlich existieren.

Mag sein, daß sich wieder Schulen bilden. Die Philosophiegeschichte zeigt jedoch eher, wie sehr das Denken vom persönlichen Temperament abhängig war. Es sind eigentlich eher die weniger bedeutenden Philosophen, die man zu »Schulen« zusammenfaßt. Die Schulen hatten mehr die Aufgabe der Textbewahrung. Die eigentlich originellen Ideen gruppierten sich um Namen wie Sokrates, Platon, Descartes, Kant, Nietzsche, Wittgenstein.

Lyotard gehört in keine Richtung, er ist kein »Poststrukturalist«, aber auch kein Kantianer oder Sprachpragmatiker – er ist ein Selbstdenker, der verschiedene Denkansätze auf außerordentlich eigenständige, originelle Weise aufgreift und verarbeitet – in philologischer Korrektheit, weil er seine Auslegungen und seine Differenzen zu den von ihm besprochenen Theoretikern sehr genau von der Darstellung unterscheidet. Durch diesen letzten Aspekt wird Lyotard beinahe nebenbei auch zu einem anregenden Lehrer der Philosophiegeschichte – er könnte dazu verführen, Aristoteles oder Kant zu lesen, weil er bei aller philologischen Genauigkeit aus seiner Perspektive auf ihre Texte doch immer faszinierende Funken der Aktualität zu schlagen versteht.

Jean-François Lyotard und Willem van Reijen
(Foto: Rob Lucas, 1987)

Willem van Reijen / Dick Veerman

Die Aufklärung, das Erhabene, Philosophie, Ästhetik

Interview mit Jean-François Lyotard

1. Frage Herr Lyotard, Sie haben wiederholt gesagt, daß Sie die Perspektive der Sprachspiele aus *La Condition postmoderne* (1979) inzwischen als überholt betrachten[1]. Sie haben *Le Différend* (1984) als Ihr eigentliches philosophisches Buch bezeichnet. Glauben Sie, daß die Polemik, zu der *La Condition postmoderne* herausgefordert hat, die Aufmerksamkeit von Ihren übrigen Werken und im besonderen von *Le Différend* abgelenkt hat?

Lyotard Wenn Sie die Frage stellen, ob *Le Différend* von *La Condition postmoderne* überschattet oder ins Abseits manövriert wurde, ist meine Antwort: Ja. *La Condition postmoderne* ist ein Buch, das tatsächlich einiges an Polemik losgetreten hat. Das habe ich nicht erwartet, und es war auf keinen Fall beabsichtigt. Im Nachhinein ist es allerdings verständlich. Wenn man berücksichtigt, daß der Terminus »postmodern«, wie ich angeführt habe, der amerikanischen Literaturkritik und der Kritik der Moderne in den Künsten, im besonderen der Architektur und der Malerei, entstammt, hätte man auf jeden Fall von dieser Seite Reaktionen erwarten können, denn ich verwende den Terminus in einer Bedeutung, die vollständig von der dort gängigen verschieden ist. Dort bezeichnet er das Ende der Moderne. Ich habe jedoch wiederholt darauf hingewiesen, daß »postmodern« für mich nicht das Ende der Moderne heißt, sondern eine andere Beziehung zur Moderne.

Von der anderen, philosophischen Seite her wird *La Condition postmoderne* eher als ein Buch rezipiert, das der philosophischen Reflexion, wie sie vom Denken der Aufklärung, d.h. des Rationalismus in Gang gebracht wurde, ein Ende setzte. Es ist aber klar, daß *La Condition postmoderne* kein philosophisches Buch ist. Es ist sogar, dem mir aufgegebenen Thema entsprechend, sehr stark wissenssoziologisch und epistemologisch geprägt. Meine Aufgabe war, einen »Bericht« über den Zustand der Wissenschaften in den höchstentwickelten Staaten zu liefern. Die philosophische Grundlage konnte dabei nicht ausgearbeitet werden. Das habe ich übrigens in dem kurzen Vorwort zu diesem Buch angemerkt.

Ich denke, daß die philosophische Grundlage der *Condition postmoderne* mehr oder weniger direkt in *Le Différend* zu finden ist. Wenn ich dieses letztgenannte Buch mein »philosophisches Buch« nenne, dann deshalb, weil ich daran sehr lange, sehr langsam gearbeitet habe. Ich habe es sofort nach der Veröffentlichung der *Economie libidinale* in Angriff genommen (und habe also daran etwa zehn Jahre gearbeitet), während ich wieder angefangen habe, die großen Werke aus der Tradition zu lesen, weil die mir für die Arbeit unerläßlich zu sein schienen. Die treten in *La Condition postmoderne* ja kaum in Erscheinung.

2. Frage Sie haben einigen amerikanischen, besonders jedoch deutschen Philosophen vorgeworfen, einen Terrorismus der Vernunft oder des Konsenses zu betreiben[2]. Diese Philosophen haben Sie ihrerseits verdächtigt, ein Irrationalist zu sein, und mit dem – zugegeben schmutzigen – Badewasser das Kind der Aufklärung und der französischen Revolution ausgeschüttet zu haben. Was halten Sie von diesen Anschuldigungen und der damit verbundenen Stigmatisierung?

Lyotard Ich denke, daß ein Teil der Vorwürfe, Angriffe und Kritik, die sich gegen die in *La Condition postmoderne* entwickelte Stellungnahme richten – denn meine Kritiker haben im allgemeinen meine anderen Werke nicht gelesen –, tatsächlich Teil einer generalisierenden und totalisierenden Konzeption der Vernunft sind. Ich halte dem einfach das folgende Prinzip entgegen, das mir sehr viel rationaler zu sein scheint, als meine Kritiker glauben, nämlich: daß es nicht die *eine* Vernunft gibt, sondern die Vernunft im Plural. Und hier kann ich mich, wenn ich so sagen darf, auf das Beispiel, auf das Modell von Kant stützen. Ich befindet mich hier durchaus in Übereinstimmung mit Kant, und in einem sehr großen Maße auch mit Wittgenstein.

Es ist nicht dasselbe, ob man versucht, ein Regelsystem zu finden oder auszuarbeiten, das z. B. einen erkenntnistheoretischen Diskurs ermöglicht und das, wie Sie wissen, unter dem Imperativ steht, zu entscheiden, ob etwas wahr oder falsch ist; oder ob man versucht, das Regelsystem eines ethischen Diskurses zu erarbeiten, in dem die Entscheidung auf dem Spiel steht, ob etwas gut oder böse ist, gerecht oder ungerecht – oder schließlich das Regelsystem eines Diskurses der Ästhetik, in dem es darum geht, ob etwas schön oder häßlich (wenigstens nicht schön) ist.

Diese Regelsysteme sind gänzlich verschieden. »Gänzlich verschieden« soll heißen, daß die Bedingungen, denen Sätze – oder, wenn man will, Sprechakte (obwohl ich meine, daß dieses Wort noch unklarer ist als »Sätze«) – genügen müssen, nicht dieselben sind. Oder besser: daß die Bedingungen a priori, denen diese Sätze bzw. Akte genügen müssen, um etwas, das auf dem Spiel steht, entscheiden zu können, nicht dieselben sind. Das hat Kant gezeigt, als er von der ersten zur zweiten *Kritik* überging. Es ist deutlich, daß der theoretische Gebrauch der Vernunft gänzlich verschieden ist von ihrem praktischen Gebrauch. Es ist nicht dasselbe, ob man vorgeformte, sozusagen durch die Sinnlichkeit vorschematisierte Sinnesdaten mit Hilfe der Einbildungskraft unter Begriffe subsumiert oder ob man sich dem Appell des moralischen Gesetzes unterordnet, sich ohne Interesse einer Pflicht beugt, ja, sich von diesem Gesetz im Prinzip jene Objekte des Interesses vorschreiben läßt, die man mit guten Urteilen oder Akten verknüpft. Die Feststellung, ob ein Urteil oder ein Akt gut ist, bleibt, wie Sie wissen, Aufgabe der reflektierenden Urteilskraft.

Wenn man also das Beispiel der Ästhetik wieder aufnehmen würde, ließe sich ohne weiteres zeigen, daß die Satzordnung des Schönen und des Nicht-Schönen ganz anderer Art ist, weil es sich hier, wie Kant sagt, um einen Geisteszustand handelt, d.h. um eine Empfindung, eine Elementarform, wenn man so will, des reflektierenden Urteils. Wenn man also an Kant denkt – aber es ist auch erlaubt, an Texte des späten Wittgenstein zu denken –, ist es leicht, zu zeigen, daß man es nie mit einer massiven, einzigen Vernunft zu tun hat; daß die *eine* Vernunft Ideologie ist, daß man es im Gegenteil mit der Vernunft im Plural zu tun hat, und zwar mit einer theoretischen, einer praktischen und ästhetischen, die alle zutiefst heterogen, und das heißt nach Kant, »autonom« sind.

Es ist das Ungedachte, das den großen idealistischen Rationalismus des deutschen 19. Jahrhunderts bestimmt, implizit vorauszusetzen, daß die Rede in allen Fällen eine einzige sei. Es handelt sich hier um eine Art Identitarismus, der Hand in Hand geht mit einem Totalitarismus der Vernunft und der, meiner Einschätzung nach, zugleich irrig und gefährlich ist.

Ich möchte noch zwei weitere Bemerkungen hinzufügen. Die eine ist, daß der Rationalismus der Aufklärung und der Revolution von 1789 unendlich viel subtiler war, als meine Kritiker offenbar glauben. Nehmen wir Diderot, der ist in meinen Augen das wahrscheinlich hervorragendste Beispiel für einen französischen Philosophen der Aufklärung, mehr noch vielleicht als Rousseau. Es ist evident, daß sein »Rationalismus« unendlich kompliziert ist. Ich kann mich jetzt und an dieser Stelle nicht darüber verbreiten. Das ist ein Vorhaben, das ich schon lange mit mir im Kopf herumtrage; ich weiß nicht, ob die Götter mir die Zeit gönnen, es zu einem guten Ende zu führen, zu zeigen, wie komplex dieser Rationalismus ist und wie er jenen Momenten Recht tut, die durch den heutigen amerikanisch-deutschen Rationalismus völlig ausgeschlossen werden. Er wird den Momenten einer Rationalität gerecht, die nicht über Argumentation zum Endpunkt eines Konsenses führen.

Die zweite Bemerkung, die in dieselbe Richtung zielt, besagt, daß wir uns seit mindestens einem Jahrhundert in einer »Krise« der wissenschaftlichen Vernunft befinden, und ich rede hier von den harten Wissenschaften. Diese Krise kann man mit den Namen von Kuhn und Feyerabend andeuten. Auch wenn ich wahrscheinlich nicht gänzlich mit dem Denken dieser berühmten Epistemologen übereinstimme, bleibt doch bestehen, daß seit der Mitte des 19. Jahrhunderts die Frage, was rational ist in der Mathematik oder in den Naturwissenschaften, eine offene Frage ist. Diese Frage reicht sogar so weit, daß sie das Problem der rationalen oder nicht-rationalen Natur von Raum und Zeit berührt. Was man also die »Grundlagenkrise« genannt hat, ist nicht etwas, das man heute, sich berufend auf einen unterstellten argumentativen Konsens, vernachlässigen könnte, denn genau dieser Konsens hat in den Naturwissenschaften gefehlt. Weit davon entfernt, dadurch in ihren Möglichkeiten beschränkt zu werden, und geradezu im Gegensatz zu dem, was man glauben könnte, hat das Fehlen dieses Konsenses den Naturwissenschaften eine noch schnellere und beeindruckendere Entwicklung beschert. Ich denke z. B. an die Diskussion zwischen Einstein, der in gewisser Weise ein klassischer Rationalist Leibnizscher Prägung war, und den Dänen, die in diesen Fragen abenteuerten, oder gar an Louis de Broglie.

Welche Schlüsse man auch immer zieht (und ich bin mir meiner Inkompetenz in dieser Hinsicht bewußt) – ich kann doch eines feststellen, nämlich, daß die Krise der Vernunft nichts anderes ist als das Badewasser, in dem sich die wissenschaftliche Vernunft seit einem Jahrhundert gebadet hat, und daß diese Krise, diese Erforschung der Vernunft, wahrscheinlich das rationalste ist, was es gibt. Im Grunde ist es diese Welle der »Kritik« – in der zweifachen Bedeutung des Wortes –, in der ich mein eigenes Denken gerne verorten möchte.

Didaktischer Zug I In dem Interview mit Bernard Blistène von 1985 akzeptieren Sie, daß er Sie einen Philosophen nennt, »der etwas sichtbar macht«[3]. Seit *Discours, figure* und den Aufsätzen, die dieses Buch umkreisen, manifestieren Sie sich eher als Ästhetiker denn als Philosoph. Eher zeugen Sie »feinfühlig« von dem, was nicht gesagt ist, und von dem, was im Gesagten ungesagt bleibt, als daß Sie versuchen, es zu artikulieren. Vor zwei Jahren haben Sie selbst auf die Kontinuität aufmerksam gemacht[4], die Ihre ersten Schriften und die neuesten miteinander verbindet, namentlich was das figurale Prinzip aus *Discours, figure* und das »Ereignet es sich?«, das Sie in *Le Différend* eingeführt haben, betrifft.

Man könnte demnach Ihre Schriften resümieren, indem man sagt, daß Sie von dem Beispielhaften an Wahrem und Gutem zeugen, das außerhalb des Diskurses und seiner einander entgegengesetzten Werte existiert, außerhalb unserer Sprachmodi – denotativen und axiologischen – und außerhalb unserer Definitionskriterien; aber Sie weigern sich sehr bestimmt, es in Termini diskursiver Bestimmungen zu fassen. Dieses Beispielhafte, das nichts anderes ist als das Sein, hat im kritischen Moment Zugang zum Diskurs, d.h. in dem Moment, in dem der Diskurs sich in Hinblick auf seine Fortsetzung nicht selbst genügt. Ist also die »Linie«, die »Figur« aus *Discours, figure* als ein »Ort der Intensität« (ein fundamentaler Begriff aus Ihrer *Economie libidinale*) zu bezeichnen, wo »das ontico-ontologische Sein im Diskurs« stattfindet und dabei den Diskurs ungeschehen macht, ihn zerschmettert unter seinem enormen Gewicht – ist also das »Ereignet es sich?« der ungewisse, aber unausweichliche Moment, der der Verkettung der Sätze vorausgeht und der charakterisiert ist durch die furchterregende Qual der Wahl zwischen verschiedenen Diskursarten, die mich (einmal entschieden) zwingt, mich einer bestimmten Art von Diskurs zu unterwerfen? Hier wird die Möglichkeit, das Sein im Diskurs zu artikulieren, aufgehoben. Das Sein ist das, was seiner Artikulation vorausliegt, und existiert niemals als Artikuliertes. Und dann entdecken wir plötzlich, daß man nur zeugen kann vom Sein und von der Revolution, die es impliziert; es artikulieren bedeutet, daß man es verloren hat.

Mit dem Konzept des Erhabenen versuchte Kant als quasi in der Welt zu denken, was nicht in der Welt dargestellt werden kann, was nicht im Modus des Dargestellt-werdens existieren kann, was nicht als greifbar und also artikulierbar und nachweisbar existieren kann. Die Art, in der Kant über das Erhabene denkt und es darstellt, kann man symbolisch nennen. Er macht Anspielungen auf ein Undarstellbares. In einem Text, der deutlich Kants Text über die Aufklärung variiert: »Réponse à la question: qu'est-ce que le postmoderne?« von 1982, behaupten Sie, daß es von jetzt an zwei Wege gibt. Der symbolische Akzent kann entweder auf das Unvermögen der Darstellungskraft gelegt werden und also auf die Nostalgie einer Abwesenheit, oder aber auf das Vermögen der Begriffsbildung, das Denken, was einen »Zuwachs des Seins« zur Folge haben würde, begleitet von einem »Frohlocken« – Ausdruck einer Verzückung und Angst zugleich, die eben stattfinden im kreativen Geschehen der Einbildung, wo es neue Ideen und symbolische Darstellungen hervorbringt. Um es in Ihrer von Kant und Wittgenstein entlehnten Sprache zu sagen: Es werden neue Spielregeln, malerische, künstlerische oder beliebig andere erzeugt. Diese Formulierungen lassen das Interesse erkennen, das Sie seit Ende der siebziger Jahre an der ästhetischen Reflexion der *Kritik der Urteilskraft* haben.

Wenn wir uns an den Kantischen Sprachgebrauch halten, von dem – abgesehen von einer kurzen Bemerkung in den *Instructions païennes*[5] – die Dialoge in *Au juste* zum ersten Mal beredtes Zeugnis ablegen, muß man annehmen, daß Sie sich offenbar für den zweiten Weg entschieden haben. Das heißt: Zeugen vom Ungedachten, für die Differenz des Denkens, für das Andere des Denkens (des Diskurses) – nicht, damit es artikulierbar werde, sondern um empfänglich zu werden für das, was vor dem diskursiven Denken war. Es heißt zeugen vom »Unsagbaren« (weder im nostalgischen noch im melancholischen Sinn) des ontologischen und für den Diskurs wesentlichen Grundes.

Die Schriften aus Ihrer ersten Periode, die sich von *Discours, figure* bis zur *Economie libidinale* erstreckt, zielen auf ein ähnliches Zeugen. Die »Linie« im ersten Buch und die »Spannung« (le tenseur) im zweiten sind jenes »wo«, wo »es« sich ereignet, ohne daß seine Anwesenheit vernehmbar würde, denn »es« flieht seiner Darstellung. Wie in *Le Différend* suchen Sie nicht, dieses ontologische »es«, wie auch immer, sicherzustellen. In *Discours, figure* schreiben Sie in einer Stimmung des Bedauerns, die sich gegen die Melancholie und Nostalgie der negativen symbolischen Darstellung wendet, die Ihrer Meinung nach den ersten Kantischen Weg bestimmen:

»Dieses Buch ist noch nicht das gute Buch, es hält sich noch mit Signifikation auf, es ist noch kein Künstlerbuch; die Dekonstruktion (die sich unter dem Gewicht der ontologischen Differenz vollzieht, Anm. d. Interv.) ist nicht selbst am Werk, sie wird bloß bezeichnet«[6]. In *Economie libidinale*, geschrieben in einem radikaleren Wagemut – in »Ekstase« – wird gleich zu Anfang erklärt: »Es geht nicht darum, eine Kritik der Metaphysik zu schreiben, ... weil ja die Kritik selbst dieses Theatralische (der Vorstellung, die das ›es‹ zu fassen versucht, Anm. d. Interv.) unaufhörlich voraussetzt und neu erschafft; vielmehr: innen sein und es vergessen« – darum gehe es[7].

Wir möchten jetzt einige Stellen aus *Le Différend*, einem Werk aus der Mitte Ihrer zweiten Periode, zitieren, um die Analogie zwischen dem Nicht-melancholischen und dem Sinnlichen in Ihren ersten Schriften und den neueren weiter zu präzisieren. Das Gemeinsame ist zweifelsohne in dem zu sehen, was Sie in »Sensus communis«[8] als die vernünftige Hilflosigkeit des Geistes bezeichnen. Hier nun die Textstellen aus *Le Différend*:

113. Könnte man die in einem Satz mitgeführte Darstellung das *Sein* nennen? Aber er ist *eine* Darstellung, oder: was in einem Fall-Satz der Fall ist. Das Sein wäre ein Fall, ein Vorkommnis, die »Tatsache«, daß dies »fällt«, daß dies »sich begibt« (frz. *cas*, engl. *occurence*). Nicht das Sein, sondern ein Sein, ein Mal.

114. Eine Darstellung kann in einem Satz-Universum als Instanz dargestellt werden. Das Sein kann also als ein Seiendes dargestellt werden. Aber der Satz, der es darstellt, führt selbst eine Darstellung mit, die er nicht darstellt. Kann man vielleicht sogar sagen, daß sich diese entzieht oder aufgeschoben wird? Das hieße voraussetzen, daß sie in mehreren Sätzen dieselbe ist. Die vereinheitlichende Wirkung des bestimmten Artikels: *die* Darstellung.

126. Sie bewerten die in einem Satz mitgeführte Darstellung als *absolut*. Mit dieser Bewertung stellen Sie sie dar. Ihr absoluter Wert ist in

dem durch Ihren Satz dargestellten Universum situiert und ihm gegenüber relativ. Darum ist das Absolute nicht darstellbar. Mit dem Erhabenen wird Kant (wenn die *Darstellung* wie hier verstanden wird) immer einem Hegel gegenüber recht haben. Das *Erhabene* (i. O. dt.) behauptet sich nicht jenseits, sondern im Zentrum des *aufgehobenen* (i. O. dt.).

136. Verketten ist notwendig, eine Verkettung nicht. Sie kann aber für triftig erklärt werden, der Satz, der dies tut, ist eine Verkettungsregel. Er ist konstitutiver Teil einer Diskursart: Auf eine solche Art von Sätzen dürfen nur diese hier folgen. So umschreiben die *Erste* und die *Zweite Analytik* die Art von Verkettungen in der klassischen Logik, die *Wissenschaft der Logik* die der modernen Dialektik, die *Vorlesungen über Geometrie* die moderne Axiomatik (Pasch, in Blanché, 22-26). Es gibt viele Diskursarten, deren Verkettungsregeln nicht angezeigt sind.

147. Von einem Satz-Regelsystem (deskriptiv, kognitiv, präskriptiv, evaluativ, interrogativ...) zum anderen braucht eine Verkettung nicht unbedingt triftig zu sein. Es ist nicht triftig, *Öffnen Sie die Tür* mit *Sie haben eine Anweisung formuliert* oder mit *Welch schöne Tür!* weiter zu verketten. Diese mangelnde Triftigkeit aber kann in einer Diskursart durchaus angebracht sein. Eine Diskursart legt einen Einsatz für die Satzverkettungen fest. ... Beispielsweise überreden, überzeugen, besiegen, zum Lachen, zum Weinen bringen usw. Angebracht kann es sein, auf nicht-triftige Weise zu verketten, um eine dieser Wirkungen hervorzurufen. Die Teleologie beginnt bei den Diskursarten, nicht bei den Sätzen. Als verkettete aber sind die Sätze immer in (mindestens) eine Diskursart einbegriffen.

150. Das im letzten Urteil implizierte Unrecht: *Nach dem, was ich gerade gesagt habe, gibt es nichts mehr zu sagen*. — Aber Sie sagen es! Was fügen Sie zu dem vorher Gesagten hinzu, wenn Sie erklären, daß es nichts mehr hinzuzufügen gibt? Sie fügen hinzu: entweder, daß der vorangehende Satz der letzte war, oder daß die auf Ihren »letzten« Satz folgenden Sätze Tautologien der vorangehenden Sätze sein werden. Die erste Erklärung ist Un-Sinn (das Nach-Letzte), die zweite verlangt den Beweis, daß kein neuer Satz kommen wird. Eines von beiden also, was diesen Beweis betrifft: entweder besteht er aus

Tautologien der vorangehenden Sätze oder nicht. Im ersten Fall widerlegt er *de facto*, was er *de jure* begründet; im zweiten ist der Beweis bereits geführt, bevor er vollzogen ist. – Und woher wissen Sie, daß er nicht schon vollzogen ist? – Ich weiß nur: Was nicht schon vollzogen war, ist der Beweis, daß er nicht schon vollzogen war. Und dieser Beweis wird *de facto* widerlegen, was er *de jure* begründen wird.

151. Wie kann ein Satz gegen einen Satz verstoßen, ihm ein Unrecht antun? Besitzen die Sätze Ehre, Stolz? Anthropomorphismus, von Ihrer Seite? – Ganz einfach: man weiß nie, *was* das Ereignis (i. O. dt.) ist. Satz in welchem Idiom? in welchem Regelsystem? Das Unrecht besteht immer darin, es vorwegzunehmen, das heißt, es zu verbieten.

Lyotard Ich möchte einige Bemerkungen zu ihrem didaktischen Zug I machen, bevor ich zur nächsten Frage übergehe. Ich bewundere die Präzision und, wenn ich so sagen darf, die Geschmeidigkeit der Argumentation in diesem Zug, mit der ich im großen und ganzen einverstanden bin. Ich möchte nur etwas präzisieren. Ich würde sicher nicht, wie Sie, den Ausdruck Revolution verwenden. Ich sehe nicht ganz, was Sie mit diesem Wort meinen, aber das brauchen wir jetzt nicht zu diskutieren. Eine zweite Bemerkung jedoch inspiriert mich. Es handelt sich um den Satz: »Die Art, in der Kant über das Erhabene denkt und es darstellt, kann man symbolisch nennen, er macht Anspielungen auf ein Undarstellbares«. Ich weiß, daß ich oft diesen Ausdruck verwendet habe. Er taucht sogar auf in dem Titel eines Aufsatzes, der in der amerikanischen Zeitschrift *Artforum* veröffentlicht wurde unter dem Titel »Presenting the impresentable«, der nicht von mir stammt und den ich dem Aufsatz nie gegeben hätte[9]. »Impresentable« (undarstellbar) ist ein Kantischer Terminus, und ich möchte darüber eine Kantische Bemerkung machen.

In der dritten *Kritik* macht Kant darauf aufmerksam, daß man immer zwischen zwei Arten der Darstellung oder, wie er sagt, des Exponierens unterscheiden muß[10]. Weiter sollte man nicht nur zwischen zwei Arten des Exponierens unterscheiden, sondern auch zwischen zwei Arten der Abwesenheit. Zunächst, was die Darstellung anlangt, sagt Kant: Vorsicht, es gibt zwei Arten des Exponierens, eine Art ist die Argumentation. Diese nennt er »modus logicus« oder ganz einfach »Methode«. Es handelt sich dabei um eine Verkettung, die Operatoren der rationalen Logik verwendet. Aber es gibt, wie er sagt, auch eine andere Weise des Exponierens, und die nennt er »modus aestheticus« oder »Manier«[11]. Kant sagt, daß man nach dieser »Manier« verfahren kann, daß es ein Exponieren gibt, das auf die Form und nicht auf den Begriff ausgerichtet ist. In diesem Fall findet sich die zu exponierende Einheit in der räumlich-zeitlichen Organisation des Exponierens selbst. Damit wird den Künsten die Tür geöffnet, die zweifellos Weisen des Exponierens sind, die nicht auf eine Linie zu stellen sind mit dem philosophisch-logischen Exponieren, die aber auf jeden Fall zu berücksichtigen sind, wenn man von dem Nicht-darstellbaren redet.

Jetzt zur zweiten Unterscheidung. Auch diese ist eine Kantische, der im Zug I, wie ich meine, nicht ganz recht getan wird. Es handelt sich um die Unterscheidung zwischen Ideen der Einbildung und Ideen der Vernunft. Wenn man zum Beispiel sagt, daß die Einbildung neue Ideen und symbolische Vorstellungen hervorbringt, dann decken Sie mit dem Terminus Symbol vorschnell, wie ich meine, eine Unterscheidung zu, die ich behaupten möchte. Die Ideen der Vernunft sind gewiß nicht nachweisbar in dem Kantischen Sinne, daß man auf eine darauf bezogene Anschauung verweisen kann. Darüber sind wir uns einig. Die Ideen der Einbildung dagegen gehören zur Darstellung. Sie sind durch die Darstellung aufgedrängt oder ihr gar immanent, aber sie bleiben trotzdem, und das ist ihre Weise der Abwesenheit, inexponibel, wie Kant sagt. Man kann sie nicht in eine logische Form fassen. Sie verweisen so zurück auf das, was er an anderer Stelle ihren »modus aestheticus« oder die Manier nennt.

Ich meine, daß diese Unterscheidung wichtig ist, weil sie uns dazu zwingt, wieder genauer über den Begriff des Undarstellbaren nachzudenken. Die Weise, in der eine Idee der Vernunft, z.B. die Freiheit oder das Absolute, undarstellbar ist, ist nicht dieselbe wie die »Manier«, in der eine Idee der Einbildung im Kunstwerk oder in der Landschaft suggeriert wird. Es handelt sich bei dieser um einen »Typus« oder ein »Monogramm« (ebenfalls Kantische Termini), die sich in erzeugten Formen, in den geordneten Sinnesdaten, zu erkennen geben. Sie sehen, daß es hier etwas »Undarstellbares« gibt, das keineswegs als nichtnachweisbar verstanden werden darf, das heißt, als nichtnachweisbar durch das Denken, oder zumindest durch die Anschauung in einer Synthesis mit dem Denken. Aber es gibt ein Undarstellbares, das nicht exponibel ist, in dem Sinne, daß es rational nicht faßbar ist.

Meine dritte Bemerkung zu Ihrem Zug I betrifft Ihre Verwendung des Ausdrucks »ontologischer und wesentlicher Grund des Diskurses«. Meine Kritik an dieser Formulierung muß man auf dem Hintergrund jener Textstellen sehen, die Sie liebenswürdigerweise selbst zitieren, z.B. die Nummern 113 und 114. Diese zwei Textpassagen aus *Le Différend* und einige andere distanzieren sich vom Konzept eines Grundes, der das Unsagbare selbst wäre, das Ungedachte als Einheit, die das Denken nie erreichen würde. Ich meine, daß es wichtig ist, in Bezug auf eine solche Konzeption eines Ungedachten, des Seins, das *ein* Ungedachtes wäre (im Singular), Zurückhaltung zu üben. Wir haben keine Möglichkeit, die These zu verteidigen, daß das Sein *eines* ist – außer, daß wir es von vornherein das Sein nennen und damit den Singular verwenden. Wir dürfen nicht vergessen, daß der Singular die Pluralität, im Besonderen die des Singular und des Plural, aufruft, wie ich es in *Le Différend* (S.9) beschrieben habe.

Ich glaube, daß man zumindest sprachlich unterscheiden müßte zwischen einer Verwendung des Ausdrucks, die *das* Sein, im Singular (bzw. mit bestimmtem Artikel), universalisiert, und einer gegenläufigen Verwendung, die das Sein singularisiert: dieses bestimmte Sein. Aber ich glaube vor allem, daß es den Vorzug verdient, den Terminus »Sein« nicht allzu oft zu gebrauchen. Weiter meine ich, daß »ontologisch« und »wesentlich« nicht genau dasselbe, vielleicht sogar Gegensätzliches bedeuten und daß man sich auf jeden Fall auch nur von der Möglichkeit, Ontologie zu betreiben, distanzieren sollte.

3. Frage Wie sehen Sie heute die Beziehung zwischen der positiven Sinnlichkeit einer authentischen ontologischen Kraft, die Sie früher als »Linie« bezeichneten, und dem, was Sie später in »Judicieux dans le différend« (1985) in Anschluß an Jean Luc Nancy[12] als »ontologische Gesundheit« auf dem zweiten Weg des Erhabenen – ein echt Kantisches Resultat der Kritik der Kritik, wie Sie sagen – bezeichnen?

An diese Frage schließt eine weitere an: Wir haben vorhin Ihr Zeugen vom Anderen des Diskurses zur Sprache gebracht; ein Anderes, das anwesend, aber unsagbar ist, das sich entzieht, sobald es im Diskurs artikuliert wird. 1970 haben Sie ganz im Stil von *Discours, figure* gegen Derridas Konzepte von »Spur« und »Ur-Schrift« eingewendet, daß sie es nicht erlaubten, Rechenschaft zu geben von dieser positiven Anwesenheit des Anderen in Bezug auf den Diskurs[13]. Uns will aber scheinen, daß der Satz über die kritische Ästhetik Kants, den man in »Argumentation et présentation: la crise des fondements« liest: »... die kritische Ästhetik öffnet und öffnet immer wieder, während sie vom Sturz der Metaphysik mitgerissen wird, den Weg zur Ontologie...«, noch immer den gleichen Vorwurf einschließt[14]. Wir haben natürlich nicht vergessen, daß der Ausgangspunkt für *Discours, figure* linguistisch bestimmt war; dort (auf S. 11) heißt es: »Man muß dort anfangen, wo man ist: im Herzen der Worte«. Aber wenn man sich vergegenwärtigt, daß Ihr späteres Werk sehr viel stärker den Nachdruck auf die Analyse der Sätze legt als auf die Ontologie – und infolgedessen grundsätzlich diskursiver geworden ist –, besteht dann nicht die Gefahr, daß Sie, wie Derrida, abgleiten in eine Ontologie der Abwesenheit?

Lyotard Sie fragen mich, welche Beziehung es gibt zwischen der ontologischen Kraft der »Linie« und der »ontologischen Gesundheit« auf dem zweiten Weg des Erhabenen. Ich muß gestehen, daß ich die Frage nicht ganz verstehe, daß ich gezwungen bin, in dieser Hinsicht die gleichen Vorbehalte geltend zu machen, die ich gerade in Bezug auf die Verwendung des Terminus »Ontologie« vorgebracht habe, und daß die Unterscheidung zwischen den zwei Wegen des Erhabenen, die ich selbst vor einigen Jahren zu machen versucht habe, mir heute revisionsbedürftig zu sein scheint. Ich gehe darum, wenn Sie erlauben, zum zweiten Teil Ihrer Frage über. Eine sehr gute, aber auch schwierige Frage, die das Verhältnis meines Denkens zu dem Derridas thematisiert. Sie fragen, ob ich nicht das Risiko eingehe, in eine Ontologie der Abwesenheit abzugleiten, wie man sie bei Derrida findet. Ich schicke voraus, daß ich sehr große Vorbehalte in Bezug auf eine solche Ontologie der Abwesenheit bei Derrida hege.

Ich meine, daß das Konzept der Abwesenheit durch sein Denken und in seinem Denken dekonstruiert wird und daß dieses Konzept unbestimmbar geworden ist. Die Idee, daß irgendetwas Seiendes, und a fortiori das Sein selbst, abwesend sein sollte, ist in seinen Augen eine zu simplistische Vorstellung. Er unterstellt, daß zumindest die Abwesenheit des Seins anwesend ist, daß es sich *in absentia* anwesend stellt, aber auch, daß sich seine Abwesenheit *in presentia* anwesend stellt (soweit diese Begriffe im Denken Derridas überhaupt noch eine Bedeutung haben). Wenn es einen Unterschied gibt zwischen Derridas Denken und dem, was ich auszuarbeiten suche, wäre er eher festzumachen an der Reichweite, die wir jeweils der Differenz zusprechen.

Es will mir scheinen, daß Derrida das Konzept der Differenz auf praktisch alles anwendet, auf alle Sätze und auf alle Verkettungen. Ich entschuldige mich dafür, daß ich eine Sprache verwende, die nicht die seine, sondern meine ist, aber ich möchte mich verständlich machen. Indem man alles unter der Perspektive der Differenz betrachtet, alle Sätze, alle Verkettungen, geht man offenkundig das Risiko ein – ein Risiko, das eine Differenz anzeigt –, des Skeptizismus beschuldigt zu werden. Ich glaube im übrigen nicht, daß diese Beschuldigung begründet ist. Nicht, daß man etwa Unrecht hätte, a priori skeptisch zu sein. Man braucht sich vor diesem Vorwurf nicht zu fürchten. Man muß aber prüfen, ob er richtig oder nicht gut begründet ist.

(An dieser Stelle möchte ich etwas einfügen, das sich auf eine Bemerkung bezieht, die Derrida in einem offenen Brief – er war selbst abwesend – an das *Collége international de philosophie* anläßlich eines Vortrags von Karl-Otto Apel in Paris gemacht hat. Derrida entrüstete sich, fühlte sich vor den Kopf gestoßen durch die unsorgfältige Lektüre unserer Texte, die sich der größte Teil unserer Kritiker zuschulden kommen läßt. Sie beeilen sich, uns in Schubladen zu stecken, uns Etiketten aufzukleben, uns philosophischen Schulen zuzuordnen, die sie als ihre Gegner bezeichnen und die sie dann frontal angreifen können. Aber was wir schreiben, hat nichts zu tun mit dem, was sie daraus machen. Sie greifen also ihr Phantasma an, statt die Texte, die sie hätten lesen sollen.)

Um auf die Frage nach meiner Beziehung zum Denken Derridas zurückzukommen: Sein Konzept der *différance* stützt sich, wie mir scheint, vor allem auf ein Konzept der Zeit, das aus der »transzendentalen Deduktion« der ersten *Kritik* stammt, wie es durch Heidegger in seinem Kantbuch entfaltet wurde. Außerdem spielt dessen Interpretation des »inneren Zeitbewußtseins« bei Husserl eine Rolle. Von diesem Konzept der Zeit kann man, wie Heidegger vorgeführt hat, zeigen, daß es an die Stelle des Subjekts tritt, eines Subjekts, das, wie Derrida immer wieder betont, offenkundig nie sich selbst gegeben ist, das sich selbst unaufhörlich fehlt, sich immer wieder von sich differiert. Diese Zeit ist mit Sicherheit das Schema aller Schemata, d.h. die Form aller Synthesen der Daten, die dem inneren Sinn gegeben sind. Aber diese Form der Synthesis des Gegebenen wird in der Kritik der theoretischen Vernunft ausgearbeitet; sie ist einem Sprachspiel unterworfen, in dem das Wahre und das Falsche auf dem Spiel stehen. Wenn man z.B. untersucht, was es an Zeitlichkeit in der zweiten *Kritik* gibt, d.h. also an ethischer Zeitlichkeit, berührt man ganz andere Probleme, die die Zeit der Verpflichtung betreffen.

In der dritten *Kritik* wird dagegen ganz deutlich, daß die sorgfältige Analyse der Synthesen, die im ästhetischen Empfinden, im Geschmack auf dem Spiel stehen – ohne noch von der Analytik des Erhabenen zu reden –, den Schluß zuläßt, daß die Zeitlichkeit hier ganz anderer Art ist als in der ersten *Kritik*. Man hat es hier überhaupt nicht zu tun mit einem Selbst, das endlos entzweit wird oder sich »entzweit« (se diffère), sondern vielmehr mit so etwas wie einem Aufschub zeitlicher Synthesen, wie sie in der ersten *Kritik* thematisiert werden – ich beziehe mich hier auf die drei Arten der Synthesis der Apprehension, der Reproduktion und der Rekognition –, weil gerade in Bezug auf die Ästhetik keine Rede von Rekognition und Reproduktion sein kann. Die Apprehension in der Analytik des Erhabenen muß in ihrer meist rudimentären, minimalen Form verstanden werden, weil dort nämlich der Begriff der Komprehension des Gegebenen einen nicht einlösbaren Anspruch an das synthetische Vermögen der Einbildungskraft stellt. Wir müssen sowohl hinsichtlich des Schönen wie des Erhabenen, so unterschiedlich sie auch untereinander sind, eine ästhetische Zeitlichkeit konzipieren, die nicht dem *Durchlaufen* (i. O. dt.) der ersten *Kritik* gehorcht, sondern einem Suspendieren oder einem »Verbot« des Differierens ähnlich ist; eine Zeitlichkeit also, die eine Art der Unterbrechung des Differierens selbst wäre.

Ich möchte noch etwas hinzufügen, um mich schnell verständlich zu machen, auch wenn ich auf diese Weise nicht so gut verstanden werde. Es bezieht sich auf das, was ich in meinen letzten Arbeiten über visuelle Kunstwerke gesagt habe, im besonderen, was die Malerei, aber auch, was das Kino anlangt[15]. Was mir wichtig zu sein scheint in Bezug auf die ästhetische Zeit, ist, was man Anwesenheit nennen könnte, nicht im Sinne von »*jetzt* hier sein« oder von »jetzt *hier* sein«, sondern in einem entgegengesetzten Sinn, nämlich so, daß die Aktivität der sogar minimalen Synthesis dessen, was in freien Formen gegeben ist (in Formen im strikten Sinn des Wortes und nicht nur in Schemata), suspendiert ist.

Man hätte es mit einer Art von Spasma, Stasis zu tun, gleich welches Wort Sie nehmen, sofern es verdeutlicht, daß wir hier einen »direkten« Zugang, nicht zur Bedeutung (wie es der Fall ist bei den Formen), sondern zur Materie haben. Wir befänden hier jenseits einer synthetisierenden Aktivität mit Hilfe der Formen, setzten uns in Bezug zum großen X, um den Terminus Kants zu verwenden: zu dieser rätselhaften *Mannigfaltigkeit* (i. O. dt.), dieser Vielfalt, diesem *poikilon*. Ich habe mich lange gefragt, warum die Materie immer als etwas Anderes, etwas Chaotisches vorgestellt wird. Offenbar nur, weil man die Wahnidee der einigenden Aktivität des Geistes retten will. In den »stärksten« ästhetischen Erlebnissen (aber was heißt das schon? – es sind zugleich die schwächsten für den Geist als synthetisierende Kraft) hätte man vielleicht zu tun mit einer nicht einmal durch die elementarste synthetische Aktivität vermittelten, unmittelbaren Beziehung zur Materie.

Das ist nicht allzu rätselhaft. Es ist ganz offensichtlich, was die Verwendung der Farbe betrifft – etwa bei Barnett Newman, dem großen amerikanischen Maler aus der Nachkriegszeit, von dem man sagt, daß er Expressionist ist (man fragt sich warum), oder bei Karel Appel, auch er ein sehr großer, wenngleich ganz verschiedener Maler –, daß ihnen also in der Verwendung der Farbe keineswegs die Form wichtig ist, in die die Farbe gefaßt wird, keineswegs also eine Materie in eine Form gebracht werden muß, um sichtbar zu werden; sondern ganz im Gegenteil ist es die »Materie-Farbe«, die von sich aus die Kraft hat, die formende Aktivität des Geistes »festzuhalten«. Diese Malerei hat jenes Etwas, das Musiker Klangfarbe nennen. Sie wissen ja, daß Musiker, wenn sie über den Klang sprechen, gerne auf Metaphern zurückgreifen, die den visuellen Künsten entnommen sind. Wir sprechen von Farbe und Chromatik eines Tons anders, sogar wenn er hinsichtlich seiner Höhe, Dauer und Intensität identisch ist, je nachdem, durch welches Instrument, oder ich würde sagen, welchen »choc« oder Schlag im weitesten Sinn des Wortes er erzeugt wurde.

Das ist eines der Themen, mit denen ich mich momentan beschäftige. Ich möchte zeigen, daß hier, ich will nicht sagen, eine Ontologie, aber doch eine Beziehung auf etwas besteht, das sicher im Gegebenen da ist, aber dennoch die freien Formen, in denen das Gegebene gewöhnlich synthetisiert wird, transzendiert. Das möchte ich Anwesenheit nennen; eine Art Erstaunen oder Torheit, welche die Aktivität des Geistes unterbricht. Dieses Erstaunen nun sollte in Beziehung gesetzt werden zu dem, was ich an anderer Stelle in Anschluß an Kant Gehorsam oder Seele genannt habe. Trotzdem ist zu berücksichtigen, daß die Anwesenheit nicht schlicht Anwesenheit im klassischen Sinn ist, denn der Geist ist darin abwesend; deswegen ist diese Anwesenheit auch nicht in Übereinstimmung mit Kant zu bringen, außer vielleicht in einigen

Textstellen über das Erhabene. Zumindest ist die Anwesenheit von ihrer »Zeitlichkeit« her weder greifbar noch spürbar in Termini einer apperzeptiven Synthesis. Diese Zeitlichkeit wird nicht differiert als etwas, das zur Synthesis gehört.

Didaktischer Zug II In *Le Différend*, Nr. 126, greifen Sie die Melancholie Kants, die mit der Thematisierung der Totalität einhergeht, an. Diese letzte könne nur mißlingen. Das sei ein Ergebnis der – wie Sie Gérard Raulet kritisierend sagen – »Kraft der Kritik«. Diese manifestiert sich in der Pendelbewegung der Urteile, die sich über die Grenzlinie hinweg zwischen verschiedenen Arten von Diskursen vollzieht. In ihrer »Antwort« führen Sie aus, daß es einen Unterschied gibt zwischen der Ästhetik des Erhabenen im Sinne des ersten Weges, die bei Kant ein Modus der Darstellung des Seienden ist (oder im Fall der absoluten Totalität: des Seins), und eines postmodernen Erhabenen, das ein Sein zeigt, das außerhalb des dargestellten Seins nie aufhört zu produzieren und doch undarstellbar bleibt.

Sie variieren oft das Thema der Arbeit der Anamnese in den modernen plastischen und visuellen Künsten. Dieser Prozeß ist, wie Sie in »Note sur les sens de ›post-‹« zeigen, im Sinne der psychoanalytischen Therapie zu verstehen. Das Werk Cézannes, Picassos, Delaunays, Kandinskys, Klees, Mondrians, Malewitschs und »schließlich« Duchamps wäre zu sehen als ein Durcharbeiten, das zu einem »anfänglichen Vergessen« führt. Die Wendung »schließlich« deutet dabei auf eine Verschiebung. Die Bewegung der Rückkehr, anagogisch und anamorphisch, der Prozeß im »ana-«, würde dann von der Arbeit eines Vergessens und eines Verlusts der Empfindung, die – sagen wir – alle etwas naiv sind, zu einem reflexiven Durcharbeiten dessen, was in der naiven Arbeit des Vergessenen wirkt, führen. Gesetzt die Tatsache, daß es immer Vorausgesetzes gibt, wird jede auch noch so bescheidene

Reflexion ein Durcharbeiten sein. Dieses kommt nie an ein Ende, d.h., daß die Ästhetik sich immer vom Sinnlichen wegbewegt, aber auch immer daran rückgebunden bleibt. Deswegen wäre Duchamp mit seinem reflexiven Werk auch der Postmoderne näher als der Moderne.

Dieser Ideenkomplex ruft einige Fragen hervor. Die erste lautet: Welche Beziehung gibt es zwischen den zwei »Erhabenen«, dem des ersten Weges, das modern ist und das naiv einen Verlust des Sinnlichen verarbeitet, und dem postmodernen des zweiten Weges, das reflexiv das Durcharbeiten auch der naiven Reaktion auf sich nimmt? Da Sie behaupten, daß es einen Übergang gibt vom ersten zum zweiten, knüpft sich daran die Frage, wie und wo sich dieser ereignet.

Lyotard Zunächst eine Bemerkung zu diesem zweiten didaktischen Zug. Was Sie hier zu verstehen geben, scheint mir auf jeden Fall akzeptabel zu sein. Ich kann damit vieles verknüpfen, und dafür danke ich Ihnen. Das ist eine wirklich nützliche Weiterführung. Aber die Frage, die Sie anschließen, macht mir einiges Kopfzerbrechen. Sie sagen, daß es zweierlei »Erhabenes« gibt. Das des ersten Weges sei eine nostalgische Variante der Unmöglichkeit, das Absolute darzustellen. Das Erhabene des zweiten Weges wäre das Postmoderne, das immer wieder die Voraussetzungen ins Spiel bringt, die in jedem Werk am Werke sind. Dann sagen Sie, daß das erste Erhabene auf naive Weise einen Verlust der Empfindung verarbeite. Da würde ich nicht von einem empfindlichen Verlust sprechen, es sei denn, man würde das hier im Sinne der angelsächsischen Tradition verstehen, d.h. vielleicht als Verlust der Bedeutung. Es handelt sich vielmehr um das Bewußtsein, daß *etwas* die sinnliche Materie gibt und daß dieses »Etwas« für uns immer unerreichbar bleibt.

Ich erinnere mich an dieser Stelle an eine Formulierung Bettina von Arnims aus einem Brief in ihrem Roman *Guen-*

derode, wo sie mit Bezug auf Hölderlin folgendes schreibt: »Wissen wir Ungeprüfte, ob je uns Hellung werde?«. »Hellung werden«, das wäre genau: Zugang zu diesem »Etwas« (»chose« – ein Terminus, den ich »Sein« vorziehe) haben; ein »Etwas«, das da ist wie die hörbare, sichtbare Materie, wie Klangfarbe, Chromatik, Nuance. Das ist ein Ausdruck, den ich mir ausnahmsweise erlaubt habe in einem Buch, das gerade unter dem Titel *Que peindre?* erscheint.

Wenn Sie mich fragen, wo der Übergang vom ersten zum zweiten Erhabenen sich ereignet, dann gestehe ich, daß ich das »wo« nicht ganz verstehe, denn es scheint mir (aber ich kann mich irren), daß Sie damit an einen Übergang von einer Ästhetik eines nostalgischen Erhabenen zu einer Ästhetik eines fröhlichen Erhabenen im Sinne einer Periodisierung denken. Vielleicht habe ich ein solches Mißverständnis provoziert, z. B. in »Le sublime et l'avant-garde«[16] oder auch in »Réponse à la question: qu'est-ce que le postmoderne?«. Ich habe mich trotzdem immer davor gehütet, glaube ich, den Übergang vom einen Erhabenen zum anderen zu periodisieren. Ich habe vielmehr anhand einiger Beispiele gezeigt, auch wenn ich keines ganz durchanalysiert habe, daß man in jeder Epoche in der Schrift (im weitesten Sinne des Wortes) eine Weise des Einschreibens finden kann, die immer wieder das in Frage stellt, was nicht eingeschrieben werden kann, ganz unabhängig von den Hilfsmitteln und der Weise des Einschreibens. Ich glaube, daß ich immer versucht habe zu zeigen, daß man in der Schrift, unabhängig von Epochen, in der Literatur, in den Künsten, in der Philosophie, sowohl Beispiele für das eine – nostalgische – Erhabene wie für das andere finden kann. Man kann den Übergang also nicht periodisieren.

Ich würde heute lieber nicht von Übergang sprechen, sondern von Gegenüberstellung, so wie man den Suprematismus von Malewitsch dem Expressionismus von Appel gegenüberstellen kann. Jener zielt auf eine Verflüssigung der Darstellung, die zum Ziele hat, das »Etwas«, das nicht dargestellt werden kann, vernehmlich zu machen; dieser im Gegenteil darauf, einen Überfluß an Chromatik, eine bewußte (und zugleich unbewußte) Vernachlässigung zu erzeugen, wenn es darum geht, den Farben Gestalt zu verleihen. Noch da aber versucht Appel, wenn ich so sagen darf, auf eine sehr reiche Art und Weise (aber in Wirklichkeit ist dieser Reichtum auch wieder eine Armut, wie es eine nähere Betrachtung der Werke und auch der Texte, die sie begleiten, zeigt) von einer Verwirklichung dieses »Etwas« zu zeugen, aber auf eine Art und Weise der Gestaltung, die absolut verschieden ist von der, in der Malewitsch dieses »Etwas« ins Werk setzt.

4. Frage (noch zum didaktischen Zug II) Die mit allem Raffinement durchgeführte Durcharbeitung der künstlerischen Bedingungen, die dem postmodernen Kunstwerk, wie Sie es definieren, zugrunde liegen, hat zur Folge, daß das diskursiv und begrifflich Etablierte gesprengt wird. Ganz analog, wenn auch eher im politischen Kontext, sagen sie in »Judicieux dans le différend«: »Die Aufgabe des kritischen Wächters ist klar: immer die Illusion ablenken; und düster: diese Ablenkung kann eine Illusion sein«[17]. Hier wenden sie Kants Idiom gegen ihn selbst; gegen das apriori und die Regeln, die er festzulegen sucht. Was Ihnen erlaubt, Ihre Schlüsse hinsichtlich der Sprengung und also zugunsten der Entzweiung zu ziehen, ist das Konzept, das Sie selbst als Illusion einer Einheit kritisiert haben[18]: das der Urteilskraft.

Es stellt sich nun die Frage, ob Sie nicht mit Ihrem Vorschlag zur Zersplitterung dem Konzept der Urteilskraft Unrecht tun – unter Berücksichtigung der Tatsache, daß es, wie im Vorwort zur *Kritik der Urteilskraft* zu lesen ist, die Urteilskraft ist, die es ermöglicht, zu einer »Zusammenstimmung« zu kommen, welche im Grunde die einigende Übereinstimmung der ersten zwei *Kritiken* ist.

Lyotard Dazu möchte ich zwei Bemerkungen machen. Die erste ist eine Art, allerdings wesentliche, Parenthese; sie bezieht sich auf die Verwendung, die Kant selbst von dem Terminus Kraft macht, sowohl im Begriff der Urteilskraft wie in dem der Darstellungskraft. Sie erinnern daran, daß ich in *L'Enthousiasme* geschrieben habe, daß schon der Begriff der Kraft die Illusion einer Einheit weckt. Sie fragen sodann, ob ich nicht, während ich an dem Denken der Zerstreuung (Mannigfaltigkeit) arbeite, der Urteilskraft Unrecht tue.

Meine erste Bemerkung bezieht sich auf das Konzept der Kraft, die zweite auf das Konzept der Zerstreuung. In Bezug auf den ersten Punkt muß ich mich leider kurz fassen. Das ist ein sehr großes Problem, das ich in einem kürzlich veröffentlichten Text mit dem Titel »L'intérêt du sublime« angeschnitten habe. Der Begriff der Kraft stimmt überein mit der aristotelischen *dynamis*. Es handelt sich also um eine Kraft des Verstandes, wie Kant, besonders in der zweiten *Kritik*, sagt. Der Verstand hat mehrere Kräfte, die, wie ich vorhin erwähnte, verschiedenen Anwendungsbedingungen und Richtlinien unterliegen, je nachdem, ob es sich darum handelt, etwas als wahr, richtig oder schön zu beurteilen. Ärgerlich am Begriff der Kraft ist, daß er uns entweder zurückwirft auf eine aristotelische Metaphysik der Kraft und des Aktes oder aber auf eine schwächere Hypothese, eher eine Art von Metapsychologie (die platonischer Provenienz wäre).

Die erste Perspektive findet sich oft bei Kant. Deswegen habe ich mich in dieser Hinsicht auf den Begriff des Interesses in der dritten *Kritik* konzentriert. Die Kraft braucht nämlich ein Interesse, um sich aktualisieren zu können, und der empirische Verstand braucht ein Interesse, um jene Kraft anzuwenden. Es gibt also ein doppeltes Interesse, das in zwei Richtungen wirkt, und das ist nicht selbstverständlich. Mit diesen Begriffen der Kraft und des Aktes ist also notwendigerweise eine Art von Ökonomie ins Spiel gebracht worden. Denn der Terminus

Interesse ist ein ökonomischer Terminus, libidinös oder nicht; und die Ökonomie ist für Kant schließlich eine praktische Ökonomie. Und ich meine, daß darin auch der Primat liegt, den Kant der Praxis zuspricht. Ein Interesse an einem Objekt haben, heißt ja immer wollen. Eine Kraft »will« ihre Aktualisierung. Jede Kraft ist einem »Meta-Willen« unterworfen, einem Zwang, sich ins Werk zu setzen. Die dritte *Kritik* zielt auf diese Metaphysik der Kraft und des Aktes. Sie ist bloß, wohlweislich, unter die Regel einer hypothetischen Idee subsumiert, der Idee der Natur, von der es, nach Kant, keinen Beweis im Bereich des Sinnlichen gibt. Diese Idee der Natur ist grundlegend. Es handelt sich dabei nicht nur um die externe Natur, sondern ebenso um die interne. Man kann die dritte *Kritik* nicht verstehen, wenn man nicht diese Hypothese im Rahmen einer Metaphysik der Kraft, des Aktes und einer Ökonomie der Kräfte entwickelt.

Wenn man in Bezug auf die Verwendung dieses Terminus »Kraft« die aristotelische Metaphysik der Natur vermeiden will, dann bleiben nur schwächere Hypothesen. Dann fällt man unweigerlich zurück auf eine Art metaphysische Psychologie, die vordergründig den Vorteil hat, uns das, was wir Sprachspiel nennen, näher zu bringen. Aber hier würde sich wiederum die Frage stellen, ob wir wissen können, wie – dieses Mal eher in Bezug auf Platon als auf Aristoteles – die drei platonischen Geisteskräfte oder auch die drei Verstandeskräfte Kants zusammenarbeiten können. Sie sehen, daß es sich also eher um die Frage nach der Einheit des Subjekts dreht als um eine Metaphysik der Natur. Die zwei Hypothesen, die Metaphysik der Natur und die des Subjektes, sind tatsächlich bei Kant eng verwandt, wie unterschiedlich Platon und Aristoteles auch in diesen Fragen denken.

Ich gehe nun zur Frage der Zerstreuung über. Die Frage war, ob ich der Urteilskraft Unrecht tue, wenn ich das Konzept der Zerstreuung einführe. Dazu ist zu sagen, daß nicht ich dieses Konzept einführe, sondern daß die kritische Methode selbst den Unterschied zwischen den verschiedenen Arten von Urteilen, je nachdem, ob sie das Wahre, Gute oder Schöne betreffen, fordert. Infolgedessen steht Kant vor der Schwierigkeit, das Subjekt, das aus verschiedenen, total autonomen Urteilsformen zusammengesetzt ist, als etwas Einheitliches zu denken. Was er am Schluß der verschiedenen Deduktionen, d.h. der Rechtfertigungen der Ansprüche der verschiedenen Urteile, jeweils für das Wahre, Schöne und Gute gültig findet, sind heterogene Prinzipien. Kant stellt sich im Vorwort zur dritten *Kritik* auf diesem Hintergrund die Frage nach der Konstitution der Einheit des Subjekts. In der dritten *Kritik* versucht er dann diese Frage zu lösen, indem er einen möglichen Übergang vom theoretischen Gebrauch der Vernunft zum praktischen Gebrauch zu konstruieren sucht. Wie Sie wissen, verursacht ihm das die größten Probleme, denn schließlich kann dieser Übergang nur gemacht werden mit Hilfe der allgemeinen Hypothese einer natürlichen Teleologie, der Konzeption einer »Als-ob-Natur«, die sowohl im Menschen als außer ihm das Ziel einer Entwicklung seiner Freiheit über die Entwicklung der Erkenntnis stellt.

Die Frage, die Sie an mich richten, ist also für Kant viel problematischer als für mich. Was mich anlangt, ich bewege mich in der heutigen Diskussion, die in wichtigen Teilen durch die Kritik des Subjekts bestimmt wird. Diese Kritik impliziert nicht, daß wir ohne Subjekt auskommen. Sie besagt im Gegenteil, daß wir, was das Konzept des Subjekts angeht, die Erben Kants und Wittgensteins sind, und das heißt wiederum, daß wir nicht fortfahren können, unter der allgemeinen Herrschaft des *cogito* zu denken. Die Evidenz des »ich denke« ist für uns so wenig evident wie nur möglich. Das ist der Punkt eines tiefen Dissenses mit Karl-Otto Apel und vielleicht mit jeder Phänomenologie.

Ich möchte hinzufügen, daß man sich heute natürlich nicht damit begnügen kann, die Schlußfolgerungen aus Heideggers Kantbuch zu teilen, wenn man auf der Höhe der Diskussion um die Krise und Kritik des Subjekts bleiben will. Denn noch einmal, diese Betrachtungen beziehen sich nur auf das Verschwinden, wenn ich so sagen darf, des erkennenden Subjekts in der Zeit der Erkenntnis. Wir sind indessen mit einer sehr viel ernsteren Krise des Subjekts konfrontiert. Diese betrifft die Synthesis der heterogenen und autonomen Arten der Urteile, d.h. der unterschiedlichsten Satzordnungen.

Können wir ohne Subjekt denken? Man muß berücksichtigen, daß die beachtlichen Beiträge, die die Psychoanalyse, im besonderen in ihrer Lacanschen Prägung, zu dieser Problemstellung geliefert hat, uns Philosophen nicht genügen. (Ich bin wohl nicht der einzige Philosoph, der das meint.) Meine Zweifel beziehen sich besonders darauf, daß Lacan auf die eine oder andere Weise wieder ein *A* einführt (das *A*ndere), uns also festlegt auf eine gewisse Vorstellung der Einheit der Bedeutung. Natürlich bin ich mir der Tatsache bewußt, daß es sich bei Lacan um die Einheit des einzelnen Unbewußten handelt; es bleibt ein Problem, wie die verschiedenen, durchaus heterogenen »Unbewußten«, mit *A* geschriebenen *A*nderen, miteinander kommunizieren. Der rein theoretische Charakter der frühen Lacanschen Überlegungen, so will es mir scheinen, ist eher eine sehr weitreichende und subtile Erneuerung der Philosophie Platons als ein wesentlicher Beitrag zur Krise des Subjekts nach Kant.

5. Frage (noch zum didaktischen Zug II, ein wenig komplexer) Auf die Frage, was in der modernen respektive der postmodernen Kunst auf dem Spiel steht, schien es Ihnen opportun, den Titel »Beantwortung der Frage: was ist Aufklärung?« abzuwandeln. Bekanntlich visierte Kants Text politische Ziele an. Er wird zu den historisch-politischen Texten gerechnet, und es werden darin überhaupt keine Fragen der Ästhetik oder Kunst zur Sprache gebracht.

Wenn Kant über *Classis* (»wie sie sich unter den Holländern selbst nennt«) spricht, dann redet er von religiösen Fragen. Aber da soll man sich nicht täuschen, die Wahl des Themas erscheint arbiträr in Relation zum politischen Wesen der behandelten Materie. Kant schreibt: »Ich habe den Hauptpunkt der Aufklärung, die des Ausgangs der Menschen aus ihrer selbst verschuldeten Unmündigkeit, vorzüglich in *Religionssachen* gesetzt: weil in Ansehung der Künste und Wissenschaften unsere Beherrscher kein Interesse haben, den Vormund über ihre Untertanen zu spielen«[19]. Die Tatsache, daß von Religion gesprochen wird, verhüllt keineswegs, daß es sich um einen politischen Text handelt.

Wenn Sie nun den Titel des Kantischen Aufsatzes abwandeln, und wenn Sie mit Ihrem Text das politische Denken des Aufklärers Habermas kritisieren, stellt sich die Frage, was Ihren ästhetischen Überlegungen eine politische Bedeutung gibt. Das heißt zwei weitere Fragen stellen: 1. Inwiefern ist Ästhetik politisch? 2. Hat die Transformation der Ästhetik, von der wir weiter oben gesprochen haben, Implikationen für eine Politik, die wir hier versuchsweise postmodern nennen möchten, oder werden verschiedene Bereiche miteinander verwechselt, so daß politisch gleichbedeutend mit ästhetisch wird?

Erinnern wir uns, daß sie in Hinblick auf die Politik, die ein Konzept der Machbarkeit und als solche Gegenstand der philosophischen Reflexion ist, in einem Interview mit Gilbert Lascaut 1972 gesagt haben, sie seien dazu gezwungen gewesen, den Plan einer Philosophie der Geschichte aufzugeben und einen großen Umweg über die Ästhetik von *Discours, figure* zu machen, der das ursprüngliche Thema Ihres Denkens verändert hat. Und sicher unter Berücksichtigung Ihrer aktiven politischen Vergangenheit fahren Sie fort: »Was mich im Grunde interessiert, ist zurückzukehren zur Kritik der Praxis und zur Theorie der praktischen Kritik: zu sehen, was das heißt: Politik«[20]. Im Interview mit Blisténe von 1985 bekräftigen Sie das. Dort heißt es: wie Politik machen, wenn man es zu tun hat mit einer Politik, die offenbar (Stalin, Prager Frühling, Solidarność)[21] nicht stimmt? Da liegen wohl ihre Gründe, warum Sie den kritischen Marxismus von *Socialisme ou Barbarie* und nachher von *Pouvoir ouvrier* aufgegeben haben. Sie fragen aber trotzdem weiter: »Was machen wir, wenn wir keinen Horizont der Emanzipation haben, wo bieten wir Widerstand?« Die Frage: Ästhetik oder Politik? heißt doch: Was ist Philosophie, zeigen oder reflektieren? Oder halten Sie diese Dichotomie für obsolet?[22]

Lyotard Wenn Sie erlauben, beantworte ich die zwei Subfragen zusammen. Ich möchte Ihnen sagen, inwiefern Ästhetik politisch ist. In der abendländischen Tradition ist die Ästhetik immer politisch gewesen in dem Maße, in dem die Politik immer ästhetisch war. In diesem Zusammenhang möchte ich auf einen unveröffentlichten Text von Philippe Lacoue-Labarthe mit dem Titel »La fiction du politique« (eine bemerkenswerte Erörterung des Ästhetischen und Politischen bei Heidegger) zurückgreifen. Kurz gesagt – mit den erforderlichen Entschuldigungen an die Adresse Lacoue-Labarthes, weil diese Abkürzung sicher auch eine Verfälschung ist –, besteht das Wesentliche darin: Er zeigt sehr gut, daß zumindest seit Platon jede Politik einer Politik der Formgebung (façonnement) unterliegt, dem, was die Griechen *plattein* nannten. Und bekanntlich machten die Sophisten Wortspiele über *plattein* und Platon. Es handelt sich darum, dem Stadtstaat Form zu geben und immer wieder neu Form zu geben, um ihn in Übereinstimmung zu bringen mit einem metaphysischen Paradigma, dem der guten Ordnung der drei Instanzen *logos, thymos* und *epithymetikon*, dergestalt, daß sie sich spiegeln können in der Kopie, die durch die gute Formgebung oder Verfassung der Stadt geschaffen wird.

Diese Idee, daß die Gemeinschaft der Menschen einer Formgebung unterliegen muß, ist grundsätzlich eine ästhetische Idee. Man muß das Werk erschaffen, und das ist genau das, was Jean Luc Nancy meint, wenn er von der »entwirkten Gesellschaft« (communauté desouvrée) redet[23]. Er will zeigen, daß wir angesichts eines traditionellen Konzepts der politischen Tradition, das das einer Werkästhetik war, versagen.

Ich weiß, daß Platon nicht unumstritten geblieben ist, aber man kann, wie ich meine, zeigen, daß nach oder mit der Aufklärung, in der mit dem Platonismus gebrochen wurde, wie Kant zeigt, es möglich ist, weiterhin die Formgebung als das Geheimnis der Politik zu denken. Ich möchte allerdings betonen, daß es sich dann nicht länger um ein mit Scheuklappen betriebenes »Formgeben« auf der Grundlage eines metaphysischen, im Himmel der Ideen konstituierten Paradigmas handelt, sondern um ein »Formgeben« auf der Grundlage dessen, was Kant eine Idee der Vernunft nennt, d.h. eines Konzepts, von dem es aber keine Darstellung in der Anschauung gibt. Wir befinden uns infolgedessen in einem Paradox, das Sie kennen und das das moderner Gesellschaften ist; das im übrigen mehr als nur einer (mit Leo Strauss) aufgezeigt und kritisiert hat. Dieses Paradox besteht darin, eine Gemeinschaft zu gründen auf einer Idee, die nicht sinnlich überprüfbar ist (die Idee der Freiheit ist eine solche Idee), die also nicht dergestalt nachweisbar ist, sei sie von links oder von rechts in Anspruch genommen, daß sie immer wieder auf ihre Legitimität hin zu überprüfen wäre.

Im Platonismus stoßen wir auf die Vorstellung, daß das Modell des Staates in jedem Verstand da ist und daß jeder beurteilen kann, ob die politische Organisation ihm angemessen ist oder nicht. In der Aufklärungsphilosophie ist es eher so, daß — abgesehen von gewissen platonistischen Zügen, die sich bei Hegel und sogar bei Nietzsche finden lassen — die Idee der Freiheit jeder möglichen sinnlichen Anschauung unangemessen ist. Der Verdacht trifft fortan immer die Formgebung. Von da an wird die moderne Politik immer in Zusammenhang mit Verdächtigung und inneren Konflikten gebracht. Diese Konflikte können ins Extreme wachsen und zum Bürgerkrieg führen. Es läßt sich sehr einfach zeigen, daß alle modernen Kriege sich darin von den klassischen unterscheiden, daß sie Bürgerkriege sind, von innen wie von außen – d.h. es sind Legitimationskriege mit Bezug auf die Formgebung oder Verfassung der menschlichen Gemeinschaften.

Sie sehen, daß wir hier wieder auf das Problem der Natur stoßen, daß man offensichtlich in den Naturrechten, in den fundamentalen Freiheitsrechten Grenzen der Formgebung finden kann und daß darin schließlich die Legitimität des Widerstands gegen die Nazis begründet war. Das ist zumindest in dem Maße der Fall, in dem die von letzteren beschworene »Natur« diese Rechte mißachtete. Das ist das Mindeste, was man dazu sagen muß. Diese Rechte sind jedoch bloß Minimalforderungen, die man in gewisser Weise absolut nicht relativieren darf. Ich will damit sagen, daß man, wenn man diese Rechte nicht respektiert, absolut zu verurteilen ist. Auf der anderen Seite aber gilt, daß die Einhaltung dieser Rechte keineswegs heißt, daß die damit korrespondierende politische Fiktion gut ist. Sie einzuhalten heißt also noch nicht, daß man gute Politik macht. Wir haben es hier mit einer Problematik zu tun, die gewissermaßen noch »ästhetisch« ist. Aber diese Ästhetik ist keine Ästhetik des Schönen, wie sie durch Platon definiert worden ist, sondern vielmehr eine rationale Ästhetik des Erhabenen, sofern es darum geht, die menschliche Gemeinschaft zu verfassen nach einer Idee der Vernunft, die trotzdem nicht darstellbar ist.

Ergibt sich daraus eine Verwechslung des Politischen mit dem Ästhetischen? Das glaube ich nicht. Ich möchte nur, in Bezug auf den Schluß Ihrer Frage, sagen, daß man einen Unterschied machen muß zwischen dem, was ästhetisch ist, und dem, was politisch ist. Interessant ist zweifellos nicht, an der Idee der Formgebung, an der der Obsession, daß das Ästhetische dem Politischen übergeordnet werden soll, festzuhalten, sondern die Dissoziation zwischen dem, was ästhetisch, und dem, was politisch auf dem Spiel steht, zu entwickeln. Das habe ich schon vorher gesagt, und, wenn Sie den Vergleich entschuldigen wollen, das ist von Kant und Wittgenstein bereits erörtert worden. Das ist die Aufgabe der Kritik und der Kritik allein. Denn warum sollte die Sozialgemeinschaft oder die menschliche Gemeinschaft nicht nur gut, sondern auch schön sein? Wäre, sobald sie schön wäre, gesichert, daß sie auch gut ist? Ich weiß, daß das griechische Tradition ist, daß das *kalos kagathos* dasjenige ist, was zugleich schön und gut ist, und ich weiß, daß auch Kant eine Analogie zwischen dem Schönen und dem Guten konstruiert. Aber Kant hat auch erklärt, daß man aus der Möglichkeit der Analogie nichts schließen kann; die Analogie ersetzt nicht die deduktive Schlußfolgerung.

Man kann nicht sagen: es ist schön, also ist es gut. Es gibt in der überkommenen griechischen Tradition eine Art Primat des Ästhetischen vor der Politik, der gebrochen werden muß, und ich glaube, daß dafür jetzt der richtige Augenblick da ist. Um es kurz zu sagen, ich meine, daß das Politische etwas ist, von dem man nicht sagen kann, daß es wie etwas anderes auf dem Spiel steht. Es ist komplizierter. Es ist so, wie ich es gegen Ende von *Le Différend* zu zeigen versucht habe. Die Politik kombiniert verschiedene Arten von Diskursen (aber auch von Satzordnungen), die vollkommen heterogen sind. Im Politischen gibt es Arten des Fragens, des Bejahens oder Feststellens; es gibt Fragen, die Deskriptionen implizieren, und Fragen, die Präskriptionen implizieren. Es gibt einen ästhetischen und poetischen Gebrauch der Diskurse in der parlamentarischen Rhetorik oder im politischen Gebrauch der Propaganda, etc. Und gewiß müssen wir dem noch den Gebrauch des reflektierenden Urteils hinzufügen, wenn jeder sich fragt, was er in dieser oder jener Situation wählen oder tun soll, ohne über die Regel, nach der er in diesem Fall verfahren sollte, verfügen zu können.

Das Politische ist also keine einzelne, für sich bestehende Art des Diskurses, sondern eine zutiefst instabile Kombination (obwohl es in den sogenannten demokratischen Staaten durch die Verfassungen relativ stabilisiert ist). Es ist der Instabilität eines Kraftfeldes, in dem die verschiedensten Diskursarten aufeinander einwirken, ausgesetzt. Man kann sagen, daß die heutige Situation charakterisiert ist durch die Tatsache, daß diese Diskursarten immer mehr Gebiete und »Gegenstände« betreffen. In einem gewissen Sinn wird alles politisch, wie man so sagt – aber das ist keine gute Art zu reden. Es ist eher so, daß die Politik sich überall hineinziehen läßt; daß die Politik sich über Gebiete und Gegenstände ausdehnen läßt, die früher außerhalb ihrer gehalten wurden. Ich denke hier im besonderen an Gesundheitsprobleme und an Probleme der Zerstörung, die waren allerdings schon immer fester Bestandteil des politischen Denkens; aber sie wachsen zusammen mit der heutigen Physik und Chemie dermaßen ins Unermeßliche, daß offenkundig die Wissenschaft selbst eine politische Angelegenheit geworden ist.

Ein anderes Beispiel: das, was man »Kultur« zu nennen pflegt, hat in Kombination mit den verschiedenen Diskursen, die das Politische konstituieren, Hegemonie erworben. Das, was man Kultur nennt, ist dabei keineswegs identisch mit Ästhetik. Was ich hierüber andeutungsweise sagen möchte, ist: Einmal die Vielfalt dieser politischen Diskursarten vorausgesetzt, ist es eine wesentliche philosophische Aufgabe, den Primat, den die Ästhetik in einer fast zweitausendjährigen Tradition hat behaupten können, zu brechen. Wir verdanken Walter Benjamin eine besonders beunruhigende, die Situation unüberbietbar charakterisierende Formulierung, wenn er davon spricht, daß der Faschismus die vollständige Ästhetisierung der Politik ist[24]. Wir haben also Anlaß, das Politische eher von einer Beunruhigung her auf eine Aufforderung hin zu denken, auf die Aufforderung hin, das Gute zu tun, d.h. auf etwas hin, das eher dem Kant der zweiten *Kritik* oder Levinas zuzuordnen wäre. Das würde uns zumindest erlauben – was vielleicht auch nicht viel weiter führen würde, aber das weiß ich nicht – zu vermeiden, daß wir über Politik in Termini von Fiktionierung und Formgebung reden.

6. Frage In *Au juste* erklären Sie, daß sie die libidinal-figurative Philosophie von *Discours, figure* und im besonderen das Konzept der Intensitäten, wie wir es aus der *Economie libidinale* kennen, einer Revision unterzogen haben, »weil es das Problem der Ungerechtigkeit gibt«[25]. *Le Différend* ist das umfangreichste Ergebnis dieser Revision. Worin besteht das zitierte Problem, und inwiefern wird *Le Différend* ihm gerecht?

Lyotard Das ist eine ziemlich einfache Frage. In der *Economie libidinale* hatte ich mir zum Ziel gesetzt, die Orientierung an der Dichotomie gut/böse zugunsten des Konzepts der Intensitäten aufzugeben. Das einzige Kriterium, das ich verwenden wollte, war das Ereignis. Dieses kann aber selbst kein Kriterium sein, weil es nicht aufhört, sich zu entziehen, weil es nie da ist. Übersetzt in Termini einer Philosophie des Triebes oder der Energie (ich ziehe selbst Energetica vor), hieß das Ereignis Intensität.

Die wenigen Leser der *Economie libidinale* (Sie wissen, daß das Buch sehr schlecht rezipiert wurde) haben sich sehr entrüstet über meine Ideen. Das Buch war bösen Verdächtigungen ausgesetzt. Die Leser blieben unempfindlich für die Verzweiflung, die aus diesem Buch spricht und die mir deutlich wird, wenn ich es wieder lese (es ist nicht meine Gewohnheit, meine Bücher wieder zu lesen, aber ich bin gezwungen, es zu tun, wenn man mir sehr präzise Fragen dazu stellt, wie kürzlich in den USA David Carroll). Die *Economie libidinale* ist ein verzweifeltes Buch. Man kann es nur verstehen und ertragen auf dem Hintergrund der Krise, die ich damals durchgemacht habe (es war allerdings nicht nur meine Krise – das wäre für die Öffentlichkeit belanglos). Es war eine Krise, die mit dem Ende aller Versuche, die Politik moralischen Kriterien zu unterwerfen, verknüpft war. Das war das marxistische Programm.

Die Gründe für *La Condition postmoderne*, für das, was dort als die Krise oder das Ende der großen Erzählungen thematisiert wurde, haben sich schon in *Discours, figure* nachweisen lassen. Sie haben das offenbar bemerkt, als Sie diesem Buch etwas Nostalgisches bescheinigten. In der *Economie libidinale* habe ich versucht, dieses Thema unter dem greifbaren Einfluß Nietzsches und teils Freuds affirmativ zu artikulieren. Diese Perspektive hat mich seitdem, mutatis mutandis, an Diderots *Neveu de Rameau* erinnert. Es ist sicher, daß es keinen Rationalismus gibt (nicht einmal in dem Sinn, in dem Jürgen Habermas davon spricht), der nicht durch dieses fürchterliche Moment des Nihilismus oder des völligen Skeptizismus hindurch muß. Die *Economie libidinale* ist für mich dieses Moment gewesen – oder besser: schon die Rückkehr von diesem Moment, weil ich glaubte, es hinter mich gelassen und mich davon befreit zu haben. Aber es war da – auf einer Stufe der historisch-sozialen, vielleicht sogar ontologischen Entwicklung.

Le Différend ist ein Buch, das die Defizite der *Economie libidinale* ausgleicht, es ist ein Versuch, dasselbe zu sagen, ohne solche wichtigen Probleme wie die Frage nach der Gerechtigkeit wegzuschieben. Auf der einen Seite versuche ich in *Le Différend* (im Kapitel »L'obligation«), der Gerechtigkeit in der Gestalt der Ethik zu ihrem Recht zu verhelfen. Auf der anderen Seite möchte ich sagen, daß das ganze Buch dieses Thema in einer Weise aufnimmt, in der das bereits *Au juste* zwar global, aber nicht falsch, zugegebenermaßen aber aporetisch, gemacht hatte. In *Le Différend* wird gesagt, daß das Unrecht unvermeidbar ist, das der Möglichkeit, jeden Satz, jedes Ereignis mit anderen Sätzen zu verketten, angetan wird – denn zu einer bestimmten Zeit kann es nur einen einzigen Satz geben. Das heißt, daß alle anderen möglichen Sätze in dem Moment ausgeschlossen und nicht aktualisiert sind. Trotzdem aber macht sich gleichzeitig eine Forderung geltend, die nicht im strikten Sinne moralisch genannt werden kann (ich glaube die moralische Forderung im Kapitel »L'obligation« abgehandelt zu haben, während ich jetzt vom Buch im Ganzen spreche), die Forderung nämlich, daß nach Möglichkeit das »Ereignet es sich?« respektiert werde. Dieses ist das Ereignis, das *quod*, bevor es bezeichnet wurde, bevor seine »Bedeutungen«, sein *quid*, festgelegt wurden oder auch nur festlegbar wären. Denn die Festlegung ist nun nichts anderes als die Verkettung, die an dem Ereignis verübt wird.

Was eine Politik der Gerechtigkeit anlangt, werden Sie mir entgegnen, daß die politische Philosophie, wenn sie festgelegt wird auf das Interesse am Ereignis, nahezu auf eine ontologische Einstellung reduziert wird, weil es sich einfach darum handelt, das »Ereignet es sich?« zu respektieren oder darauf zu hören. Darauf antworte ich, daß es nicht so einfach ist. Ich möchte dazu mindestens zweierlei bemerken. Erstens ist wahrscheinlich, daß es heute und in unabsehbarer Zeit für uns als Philosophen und sofern wir mit der Politik zu tun haben (das haben wir unvermeidlich) unmöglich ist, öffentlich zu sagen, was getan werden muß. Dieses Thema habe ich im besonderen in *Tombeau de l'intellectuel* aufgegriffen. Dieses Buch will keineswegs, wie Maurice Blanchot hat glauben machen wollen, sagen, daß der Intellektuelle tot ist und beerdigt werden sollte. Der Terminus »tombeau« verweist im Französischen auch auf eine literarische und musikalische Gattung, eine Art von Gedenkzeichen. Das Grabmal des Intellektuellen ist auch das Eingedenken des Intellektuellen. Wir sind im Eingedenken. Das heißt nicht, daß es keine Intellektuellen mehr gibt, sondern daß die heutigen Intellektuellen, die Philosophen, sofern sie mit der Politik oder mit den Fragen der Gesellschaft zu tun haben, keine so manifesten und eindeutigen Positionen beziehen können. Sie können nicht mehr, wie es z.B. Zola oder noch Sartre tun konnten, im Namen einer nicht hinterfragbaren Universalität reden. Sartre ist ein Grenzfall, weil deutlich ist, daß er sich geirrt hat in der Frage, welche Positionen verteidigt werden sollten.

Aber warum können die Intellektuellen heute keine so eindeutigen Positionen beziehen? Die Antwortet lautet, daß der moderne Intellektuelle ein Produkt der Aufklärung war und daß alle Intellektuellen, welcher Prägung auch immer (mit Ausnahme natürlich der Nazis), ihre eigene Legitimität und die der öffentlichen Rede, mit deren Hilfe sie das Gute vorgaben und sich zu dessen Sachwalter machten, aus der großen Erzählung der Emanzipation schöpften. Man konnte unterschiedlicher Meinung sein über die Frage, wie die Emanzipation vorangetrieben werden sollte, aber was alle Intellektuellen immer gemeinsam hatten, war die Autorität, über Emanzipation zu reden. Diese war begründet in der allgemeinen Idee einer Geschichte, die sich auf ihr »natürliches« Telos hin entwickelt – und das war die Emanzipation der Menschheit aus Armut, Unwissenheit, von Vorurteilen und vom Fehlen des guten Geschmacks. Aber wir haben keinen Rückhalt für diese großen emanzipatorischen Erzählungen. Wir haben nur noch ein Minimum an Sicherheiten, und dieses Minimum nenne ich die Politik des Widerstands.

Was ist Widerstand? Und was sind die Ansatzpunkte für Widerstand? Einerseits sind das die Punkte, die ich vorhin erwähnte, als ich vom Respekt vor den Menschenrechten sprach, d. h. vom Schutz der elementaren Freiheiten (da haben wir die Pflicht einzugreifen, wenn sie gefährdet sind). Andererseits gibt es einen Widerstand, der vielleicht versteckter und spezifischer ist, sowie übrigens auch angemessener angesichts des heutigen Zustands der Politik, die auch das Kulturelle mit einschließt. Ich rede vom Widerstand im Schreiben und durch das Schreiben, wie wir vorhin davon gesprochen haben: als ein Einschreiben, das sich sorgt um das Nichteinschreibbare. Das Eigentümliche der Politik heute ist, sofern sie ein kultureller Faktor geworden ist (und, vergessen wir es nicht, denn es wird darüber nur geschwiegen, sofern sie ganz einfach Kapital ist), daß sie den Widerstand des Einschreibens gegen das schon Gedachte, das schon Gemachte, gegen alles, was gedacht, was gut gedacht, was bekannt ist, was erkennbar, was »lesbar« ist, zunichte macht; den Widerstand gegen alles, was ausgetauscht werden kann, was durch die öffentliche Meinung akzeptiert werden kann. Diese arbeitet, wie sie wissen, immer mit dem schon Erworbenen, das als solches schon vergessen ist; mit dem, was der Anamnese keinen Raum gibt, mit dem, was als Vorurteil existiert. Die »Kultur«, als »Aktivität« und »Animation«, besteht darin, all dieses in die Ordnung der Schrift im weitesten Sinne, in die Literatur, in die Malerei, in die Architektur usw. einzubringen, und zwar zumeist unter dem Namen »Postmoderne«.

Da müssen wir, glaube ich, Widerstand leisten. Ich habe in *Le Postmoderne expliqué aux enfants* ein Beispiel angeführt, das auch Claude Lefort behandelt hat und das mir sehr wichtig zu sein scheint. Es ist das Winstons in Orwells *1984*[26]. Dort wird gezeigt, daß der Widerstand das Schreiben eines Tagebuchs ist und daß dieses Schreiben Winston die Anamnese aufzwingt. Das ist für mich ein Modell. Ich kann auch alle Künstler und Schriftsteller nehmen, die ich schätze, weil sie alle – jeder auf seine Art – Beispiele für Widerstand sind. Mag sein, daß sie einem größeren Publikum unbekannt sind;

das tut nichts zur Sache, denn sie sind für diesen Widerstand nicht der Gemeinschaft, sondern nur dem Denken Rechenschaft schuldig. Ob die Gemeinschaft erst in einem Jahrhundert oder schon im nächsten halben Jahr herausfindet, daß das, was sie getan haben, notwendig war, ist eine andere Frage. Die ihre lautet: Was soll man schreiben, malen, usw., hier und jetzt, in der Verantwortung gegenüber der Frage: was ist Schreiben, Malen?

7. Frage »La Traversée de l'Atlantique«, ein Sonderheft der Zeitschrift *Critique*, enthält Texte von Ihnen und von Richard Rorty sowie eine Diskussion zwischen Ihnen beiden[27]. Trotz tiefgehender Meinungsunterschiede, die Sie feststellen, scheint es, daß Sie seine Thesen nicht ganz ablehnen, zumal Sie seinen Beitrag als »exzellent« bezeichnen. Wir haben trotzdem den Eindruck, daß die Kluft zwischen den Schlußfolgerungen, die Rorty aus dem »Ende der Philosophie« zieht, und den Ihrigen unüberbrückbar ist. Er meint, daß man die Philosophie aufgeben kann und sollte, was genau darauf hinausläuft, daß man sich von der Quelle trennt, der Sie die Treue halten: dem Fragen. Fragen danach, was sein kann und wird, Fragen nach allem, Fragen nach der Frage. Sie setzen die Philosophie, wie es uns scheint, auf eine radikale Weise fort. Darauf weist auch Ihr Gespräch mit Jacques Derrida hin, das unter dem Titel »Plaidoyer pour la métaphysique« erschien[28]. Würden Sie aus der dortigen Perspektive die Vorschläge Rortys immer noch exzellent nennen? Das heißt, würden Sie seinen Standpunkt akzeptieren, der das nordamerikanische, bürgerliche Wertesystem durchweg unhinterfragt übernimmt, aufgrund dessen Rorty ja mit Ihrer Ablehnung der Idee der Emanzipation nicht einverstanden ist?

Lyotard Sie beziehen sich auf die Unterredung, die wir vor zweieinhalb Jahren in der Johns Hopkins Universität in Baltimore geführt haben. Sie sagen, daß ich außerordentlich freundlich war, die Darlegung Richard Rortys exzellent zu nennen, denn Sie haben das Gefühl, daß es einen unüberbrückbaren Gegensatz zwischen seiner Position und der meinigen gibt. Ich habe seinen Beitrag exzellent genannt, weil er ausgezeichnet die von ihm vertretenen Thesen erläuterte. Diese Anerkennung schuldet man einem Gesprächspartner, auch wenn er ein Gegner ist; man muß anerkennen, daß er alles tut, um sich verständlich zu machen. Und das war hier der Fall – ich sehe dabei noch ganz ab von der Sympathie, die ich für seine Person empfinde.

Der Gegensatz unserer Positionen ist tatsächlich radikal; da sind wir uns völlig einig. Um Ihre Einschätzung zu untermauern, zitieren Sie den Titel des Textes, der in *Le Monde* abgedruckt wurde, »Plaidoyer pour la métaphysique«. Dieser Titel stammt von der Redaktion. Ich hätte ihn nicht gewählt. Ich glaube überhaupt nicht, daß es an der Zeit ist, »zur Metaphysik zurückzukehren«, wie einige meiner jüngeren französischen Kollegen nahelegen. Ich hätte den Titel »Plädoyer für die Philosophie« vorgezogen, weil niemand genau weiß, was dieses wunderbare Wort Philosophie heißt (es sei denn, man versteht darunter eine Art von Diskurs, der sein Regelsystem sucht; der infolgedessen nicht weiß, was er sagt, und der also keine Regel hat, um sicherzustellen, daß es so ist, wie es gesagt wurde oder wie es gesagt werden soll).

Kommen wir zurück auf meine Beziehung zu Rorty. Rorty verfügt über eine kräftige Rhetorik, ich würde sogar sagen: Sophistik. Er sagt: Bitte, laßt uns doch jede Art von Begründung aufgeben. Die hat keinen Wert, denn sie ist unentscheidbar. Es ist nur eines entscheidbar, und das ist die Frage, ob wir zusammen reden oder nicht. Die Konversation wird der endgültige Retter der Erbschaft des Rationalismus. »End-gültig«, weil sie so minimal ist, daß sie völlig inhaltsleer ist. Es geht nicht einmal mehr darum, den Dialog zu eröffnen, an einer

Hermeneutik festzuhalten, in dem ausgezeichneten Sinn, in dem Ricœur, Gadamer oder Buber das tun.

Rorty bezieht sich bloß auf die Tatsache, *daß* wir reden. Es handelt sich also um einen pragmatistischen Minimalismus, der sich rühmen kann, die wesentliche Erbschaft der Aufklärung und damit der pragmatischen Demokratie angetreten zu haben. Er fordert, daß man – statt den anderen zu ermorden oder ins Gefängnis zu sperren, ihn wie auch immer zu beseitigen oder mit welchen Mitteln auch immer ihn auszuschließen – ihm zuhört, mit ihm spricht, ihn so als Gesprächspartner konstituiert. Die These Rortys, die des generalisierten Gesprächs, kann zurückgreifen auf einen Rationalismus, von dem ich nicht, wie Sie es etwas vorschnell machen, sagen würde, daß er bürgerlich nordamerikanisch ist, sondern daß er zwar nicht blutleer, aber sich doch dessen bewußt ist, daß die Inhalte immer umstritten sind. Daß sie es aber sind, darf nicht in Frage gestellt werden, sowenig wie die These, daß die Diskussion unter allen Umständen möglich sein sollte. Genau in diesem Punkt liegt auch die Kontroverse zwischen Rorty einerseits und Karl-Otto Apel oder sogar Habermas andererseits.

Das einzige echte Problem ist, daß Diskussion möglich sein sollte. Es geht nicht darum, irgendwo an den Wurzeln oder Quellen eine Grundlage zu suchen, sondern darum, was man in Bezug auf die Zukunft, die keine andere sein kann als die Zukunft des Gesprächs, sagt. Jedes Gespräch, sogar dann, wenn es auf den größtmöglichen Dissens hinausläuft (was der Fall war in meiner öffentlichen Diskussion mit Rorty in Baltimore), zeigt trotzdem, daß die Aufgabe des Gesprächs andauert: Das nenne ich die Sophistik Rortys. Sogar dann, wenn wir nicht übereinstimmen, gibt es eine Übereinstimmung, nämlich über die Notwendigkeit, weiter zu reden, »zu reden mit…«. Es gibt ein pragmatisches *Mitsein* (i. O. dt.), das in den Augen Rortys das einzig Wichtige ist, was gerettet werden muß; denn alle Versuche, einen semantischen Konsens zu erreichen, sind dazu verurteilt, zu scheitern oder sich diesem pragmatischen Mitsein zu unterwerfen. Dieses nennt er Solidarität. Das kann man wohl eine starke These nennen. Es ist auch eine imperialistische These, wie ich ihm entgegengehalten habe. Das Konzept einer Verständigung, eines Wesens der Konversation, des Übergangs oder der Zirkulation des Wortes von der ersten Person zur zweiten, vom Ich zum Du und vom Du zum Ich, garantiert erstens nicht, daß Ich und Du ein Wir bilden (im übrigen berührt Rorty mit dem Rätsel des Wir ein großes Problem). Und zweitens, und noch wichtiger, ist es gar nicht sicher, und es scheint mir sogar unwahrscheinlich, daß diese pragmatische Beziehung im Gespräch konstitutiv wäre für alle sprachlichen Beziehungen.

Ich bin bereit, die These zu verteidigen, daß z.B. im Fall einer ethischen Verpflichtung Verständigung keine Rolle spielt. Wenn ich sehe, wie Kant oder Levinas die Pflicht analysieren, dann fällt mir gerade auf, daß derjenige, der in die Pflicht genommen wird, eine Beziehung zum Gesetz hat, die ihn nicht zunächst zu einem Ich, sondern zu einem Du vor dem Gesetz macht: Tu dieses! Handle! Höre mich! Höre mir zu! (Ich beziehe mich auf die Termini Kants oder Levinas', auf die der jüdischen Tradition). Sind die Anderen als Gesprächspartner in meine Beziehung zum Gesetz eingeschlossen? Nein, weder bei Kant, noch bei Levinas. Bei Levinas nicht, weil die Beziehung die einer Geiselnahme und keineswegs die eines Austauschs ist. Der Andere nimmt mich als Geisel, und sofern ich davon weiß, handelt es sich nicht gerade um Konversation oder Verständigung, es ist Gewalt. Das Gesetz übt Gewalt aus über das Subjekt. Im Falle Kants kann man sagen, daß die Maxime meines Handelns als gültig für die ganze Menschheit gedacht werden können muß. Das Gesetz befiehlt: Handle so, daß…, oder: Handle so, daß die Maxime deines Willens das Prinzip einer universellen Gesetzgebung sein könnte, als ob es gültig wäre für alle rationalen, praktischen und endlichen Wesen, wie wir es alle sind. Aber es liegt doch bei mir, in der Einsamkeit meines Ergriffen-seins durch das Gesetz, zu beurteilen, ob meine Absicht, zu handeln oder zu urteilen (was auf dasselbe hinausläuft), universalisierbar ist.

Nehmen wir den Fall der Kritik des ästhetischen Urteils: Man stellt fest, daß das Urteil, dieses ist schön, ein Einzelurteil ist, sogar dann, wenn darin ein Anspruch auf universelle Geltung, d.h. auf Mitteilbarkeit, erhalten sein sollte. Um das zu begründen, entwickelt Kant das Konzept eines *sensus communis* als transzendentale Idee. Das ästhetische Urteil bildet eine Ausnahme in Bezug auf die Satzung der Konversation. Sogar dann, wenn der Gefallen, den ich an einem Kunstwerk oder an einer Landschaft finde, mich dazu bringt, darüber mit anderen (im Sinne einer empirischen Gemeinschaft) zu diskutieren, ist es nicht weniger wahr, daß das Einverständnis, das ich erzielen kann, nichts zu tun hat mit der Gültigkeit des Urteils, das ich meinem ästhetischen Empfinden verdanke. Denn die Bedingungen für die Gültigkeit dieses Urteils sind transzendentale Bedingungen, und sie sind offenkundig nicht der Zustimmung dritter unterworfen. Die Mitteilbarkeit und noch stärker die Zusammenstimmung von ästhetischen Empfindungen kann nicht de facto in der Empirie und noch weniger mit Hilfe von Konversation konstituiert werden. Hier stößt die Konversation auf die Antinomie der Urteilskraft, die besagt, daß es zwar notwendig ist, eine Universalität zu versprechen, welche Argumentation erzwingt; daß aber gleichzeitig das ästhetische Urteil als ein Urteil, das nicht mit Hilfe von Begriffen zustande kommt, seine Gültigkeit keineswegs einem argumentativen Konsens verdankt. Das heißt natürlich nicht, daß wir nicht reden, wir werden mit Bestimmtheit reden; aber die Frage ist, ob diese Konversation konstitutiv ist für das ästhetische Urteil, d.h. für den Geschmack.

Wenn Rorty das Prinzip der Konversation an die erste Stelle rückt (und das ist nicht nur bei ihm kein Irrtum oder Versehen, sondern eher eine tiefsitzende Illusion, der er allerdings neuerdings nicht mehr unterliegt), hebt er die pragmatische Beziehung auf eine transzendentale Ebene. Er tut so, als ob die Ich/Du-Beziehung, angezeigt durch die Austauschbarkeit der Positionen der empirischen Personen oder Individuen, eine transzendentale Bedingung der Philosophie, der Geschichte, des Fortschritts und der Aufklärung, also all dessen, was bei ihm auf dem Spiel steht, wäre (und ich schätze all dies keineswegs gering ein). Aber diesen Primat des Pragmatischen zu akzeptieren in der minimalsten Form des Gesprächs, ja sogar in der bescheidensten Gestalt dessen, was er »Solidarität« nennt, heißt schließlich, sich zu billig zu verschaffen, worum es geht.

Obwohl es den Anschein hat, als täte man das Gegenteil, heißt es, daß man nicht wirklich die Frage nach der Existenz des Anderen stellt. Man tut so, als ob das Konzept der Konstitution, im phänomenologischen Sinne (sagen wir, um nicht allzuweit auszuholen, in dem Sinne, in dem es durch Husserl in den *Cartesianischen Meditationen* ausgearbeitet ist), nicht ausgerechnet am Problem der Konstitution des Anderen gescheitert sei. Aber es steht fest, daß es gescheitert ist, und wir wissen, warum. Es liegt daran, daß der Andere in seiner empirischen Existenz, in seiner angeblichen Anwesenheit als Gesprächspartner, nicht als etwas Transzendentales auf dem Spiel steht. Was transzendental auf dem Spiel steht, ist das Entweder/Oder; ist entweder das Wahre oder das Falsche, entweder das Gute oder das Böse, entweder das Schöne oder das Nicht-Schöne; aber es ist nicht: entweder der Andere oder der Nicht-Andere.

Ich mache im Vorbeigehen auf etwas Aufregendes aufmerksam, und zwar darauf, daß Kant den Anderen immer mehr oder weniger explizit in Bezug auf die Konstitution des Universellen und also auf das Entweder/Oder anführt (weniger explizit in der ersten *Kritik*, sehr explizit in der zweiten und dritten *Kritik*) – aber immer nur anführt. Er steht selbst nicht auf dem Spiel. Aber Rorty tut so, als ob der andere das einzige wäre, was auf dem Spiel steht, denn entweder gibt es Solidarität, oder aber die Philosophie taugt nichts; und weiter gilt: wenn es Solidarität gibt, dann ist der Andere Gesprächspartner. Außerdem tut er so, als ob die Frage stellen sie beantworten wäre: »Wir« sprechen miteinander. Gerade in dieser Hinsicht sehe ich den größten Unterschied zwischen uns.

Es wäre interessant, meine ich, einmal zu untersuchen, ob es möglich ist, eine Kritik der altruistischen Vernunft zu schreiben. Das wäre etwas, das wichtig wäre, denn was wir zur Zeit erleben, sei es in Gestalt der Letztbegründung Apels, sei es in Gestalt des Kommunikationskonzepts von Habermas, sei es in der Gestalt der Nichtbegründung und des konversationellen (pragmatischen) Konzepts bei Rorty, ist schließlich die nicht überprüfte – und ich würde, wenn Sie es mir erlauben, sagen –, ohne Anamnese akzeptierte Hinnahme der Idee des Anderen als konstitutiver Faktor für das, was heute im Denken auf dem Spiel steht. Aber schon geradewegs zu behaupten, daß der Andere auf dem Spiel steht, ist ein Problem, nicht weniger seine »Konstitution« – und daß er das Wichtigste wäre, was auf dem Spiel stünde, das bezweifle ich.

Anhang

Anmerkungen

Zu den Veröffentlichungen Lyotards, aus denen zitiert wird, finden sich die vollständigen bibliographischen Angaben in den Literaturhinweisen (S. 163 ff).

Einleitung

1 J. Habermas, Untiefen der Rationalitätskritik. In: ders., Die Neue Unübersichtlichkeit. Kleine politische Schriften V, Frankfurt/M. 1985, S. 132-137, hier S. 137. In der dann folgenden kurzen Aufzählung solcher Denkanstöße läßt er Lyotard weg; vgl. dazu Kap. 10 in diesem Band.

2 W. Welsch, Die Philosophie der Mehrsprachigkeit. In: Die politische Meinung, 32. Jg. 1987, Nr. 231, S. 63

3 K. Laermann, Lacancan und Derridada. Über die Frankolatrie in den Geisteswissenschaften. In: Kursbuch 84, 1986, S. 34-44

4 M. Frank, Was ist Neostrukturalismus?, Frankfurt/M. 1984, S. 39

5 Vgl. dazu Kap. 6 in diesem Band

6 W. Welsch, Vielheit ohne Einheit? In: Philosophisches Jahrbuch, 94. Jg. 1987, S. 135

7 Lyotard, Der Widerstreit, S. 14

Kapitel 1

1 Ich verwende den Begriff »linksradikal« im Sinne des in der sozialwissenschaftlich-emanzipatorischen Geschichtsschreibung üblich gewordenen Fachterminus; vgl. dazu H.-M. Bock,

Geschichte des ›linken Radikalismus‹ in Deutschland, Frankfurt/M. 1976

2 Cornelius Castoriadis, geb. 1922, studierte in Athen, schloß sich 1942 einer trotzkistischen Widerstandsgruppe an. Ende 1945 kam er nach Frankreich, brach 1948 mit dem Trotzkismus und gründete zusammen mit Claude Lefort *Socialisme ou Barbarie*. Seit 1980 ist er Directeur d'études (Leiter eines Forschungsprojekts) an der Ecole des Hautes Etudes en Sciences sociales in Paris, einer Elitehochschule für Sozialwissenschaften.

3 Claude Lefort, geb. 1924 in Paris, studierte bei Maurice Merleau-Ponty. Er trennte sich schon 1958 von *Socialisme ou Barbarie*. Er ist Professor an der Ecole des Hautes Etudes en Sciences sociales.

4 C. Castoriadis, Marxismus und revolutionäre Theorie (zuerst in: Socialisme ou Barbarie, H. 36-40, 1964/65). In: ders., Gesellschaft als imaginäre Institution. Entwurf einer politischen Philosophie, Frankfurt/M. 1984

5 Lyotard, Pierre Souyri – Le marxisme qui n'a pas fini, S. 11-31, hier S. 13 (Übersetzung WRS)

6 Sprache, Zeit, Arbeit. Gespräch zwischen Jean-François Lyotard und Giairo Daghini. In: Lyotard u. a., Immaterialität und Postmoderne, S. 37

Kapitel 2

1 Das teilt J. P. Dubost im Anhang zur *Ökonomie des Wunsches* (S. 382) mit

2 Lyotard, Ökonomie des Wunsches, S. 351

3 Ebenda, S. 43

4 Ebenda, S. 377 f

5 Ebenda, S. 177

6 Ebenda, S. 5

7 Man lese hierzu Batailles *Madàme Edwarda* und, deutlicher noch, *Die Geschichte des Auges* (beides in: G. Bataille, Das obszöne Werk, Reinbek 1972 u. ö.). Aus späterer Sicht kritisiert Lyotard Batailles Grundintuition: »Und Bataille irrt in der Tat, wenn er glaubt, die Intensität würde sich proportional zur Zer-

stückelung des lebendigen Körpers steigern und das Ganze wäre nötig, um weit zu gehen.« (Philosophie und Malerei im Zeitalter ihres Experimentierens, S. 31)

8 Lyotard, Apathie in der Theorie, S. 50ff
9 Ebenda, S. 10
10 Ebenda, S. 11
11 Ebenda, S. 10
12 Lyotard, Das Patchwork der Minderheiten, S. 37ff
13 Ebenda, S. 66
14 Ebenda, S. 67
15 Ebenda, S. 38
16 Lyotard, Intensitäten, S. 32
17 Lyotard, Le postmoderne expliqué aux enfants, S. 41. Die deutsche Übersetzung (Postmoderne für Kinder, S. 37) wählt deutsche Sprichwörter als Beispiele.

Kapitel 3

1 Lyotard, Das postmoderne Wissen, S. 17
2 Ebenda, S. 13
3 Ebenda, S. 56f
4 Ebenda, S. 58
5 Das marxistische Denken hat Lyotard zufolge zwischen diesen beiden Legitimationserzählungen geschwankt. Der Stalinismus entsprach der Version B, wobei der dialektische Materialismus in etwa die Position des spekulativen Idealismus einnimmt. Der Version A entspricht die Frankfurter Schule.
6 Lyotard, Das postmoderne Wissen, S. 116f
7 Ebenda, S. 131
8 Ebenda, S. 135
9 Ebenda
10 Ebenda, S. 138
11 Ebenda, S. 158
12 Lyotard, Grabmal des Intellektuellen, S. 73
13 Lyotard, Das postmoderne Wissen, S. 180
14 Ebenda, S. 184
15 Ebenda, S. 185

16 Ebenda, S. 190
17 Ebenda, S. 191
18 Ebenda, S. 192
19 Ebenda, S. 193

Kapitel 4

1 Lyotard, Das postmoderne Wissen, S. 127
2 Das entspricht einem Grundgedanken aus Friedrich Nietzsches *Fröhlicher Wissenschaft*, vgl. Aphorismus 344. In: F. Nietzsche, Sämtliche Werke in 15 Bänden. Hg. v. G. Colli/M. Montinari. München 1980, Bd. 3, S. 574 ff
3 A. Tarski, Logics, Semantics, Metamathematics, Oxford 1956
4 Lyotard, Das postmoderne Wissen, S. 128
5 Vgl. dazu D. Wandschneider, Zum Antinomienproblem der Logik. In: Ratio, Bd. 16, 1974, S. 74-91, hier S. 90 f
6 Vgl. W. Kuhlmann, Reflexive Letztbegründung. Untersuchungen zur Transzendentalpragmatik, Freiburg und München 1985; und K.-O. Apel, Transformation der Philosophie, Frankfurt/M. 1976
7 Vgl. M. Heidegger, Sein und Zeit. 15. Aufl., Tübingen 1984, S. 315. Auf den Zusammenhang des Letztbegründungsarguments mit dieser Heidegger-Stelle hat mich Dieter Wandschneider aufmerksam gemacht. – Auch Lyotards Begriff des »Ereignis« im *Widerstreit* geht auf Heidegger zurück. »Heideggerianisch« sind beide Richtungen aber nur insofern, als Heidegger ein unumgänglicher Bestandteil des philosophischen Sprachspiels ist, auf das sie sich beziehen, jedoch nicht im Sinne irgendeiner spezifischen Gefolgschaft.
8 Vgl. W. Kuhlmann, a. a. O., S. 62
9 Vgl. dazu W. Heisenberg, Das Naturbild der heutigen Physik, Reinbek 1955 u. ö.; ders., Physik und Philosophie, Frankfurt/M. 1968
10 B. Mandelbrot, zit. nach: F. Fricker, Barnard-Medaille für Benoit Mandelbrot. In: Spektrum der Wissenschaft 11/1985, S. 14
11 Lyotard, Das postmoderne Wissen, S. 168 f
12 Ebenda, S. 169
13 Ebenda, S. 172

Kapitel 5

1 Lyotard, Immaterialität und Postmoderne, S. 74
2 Vgl. dazu und zum folgenden: M. Köhler, »Postmodernismus«: Ein begriffsgeschichtlicher Überblick. In: Amerikastudien, 22. Jg. 1977, H. 1, S. 8-17
3 Der »Klassiker« hierzu ist Charles Jencks, Die Sprache der postmodernen Architektur. 2. Aufl., Stuttgart 1980
4 Ch. Jencks, Post-Modern und Spät-Modern. Einige grundlegende Definitionen. In: P. Koslowski u. a. (Hg.), Moderne oder Postmoderne? Zur Signatur des gegenwärtigen Zeitalters, Weinheim 1986, S. 209ff
5 Ebenda, S. 211
6 Ebenda, S. 227
7 Lyotard, Philosophie und Malerei im Zeitalter ihres Experimentierens, S. 97
8 Ebenda
9 Du bon usage du postmoderne, S. 96: »Lyotard raconte en confidence qu'il a lancé le mot ›postmoderne‹ un peu comme une boutade.«
10 Lyotard, Retour au postmoderne. Er schreibt, Postmoderne sei »un mot sans consistance – raison pour laquelle je l'ai choisi –, qui n'a d'autre valeur que celle d'un avertissement. Il sert à signaler que quelque chose est en déclin dans la modernité.«
11 Lyotard, Notizen über die Bedeutung von »post-«. In: Postmoderne für Kinder, S. 99-105
12 Ebenda, S. 126
13 Lyotard, Beantwortung der Frage: Was ist postmodern?, S. 140; Postmoderne für Kinder, S. 26
14 Ebenda, S. 142; Postmoderne für Kinder, S. 31
15 Lyotard, Immaterialität und Postmoderne, S. 74
16 In: Grabmal des Intellektuellen, S. 80-88
17 Ebenda, S. 80
18 Ebenda, S. 86
19 Ebenda, S. 87
20 Ebenda, S. 85
21 Vgl. D. Bell, Die nachindustrielle Gesellschaft, Frankfurt/M. 1976 (zuerst als The Coming of Post-Industrial Society, New

York 1973); aber auch A. Touraine, Die postindustrielle Gesellschaft, Frankfurt/M. 1972

Kapitel 6

1 A. Glucksmann, Die Macht der Dummheit, Stuttgart 1985
2 Lyotard, Grabmal des Intellektuellen, S. 10
3 Ebenda, S. 15
4 Lyotard, Der Widerstreit, S. 299
5 Lyotard, Grabmal des Intellektuellen, S. 18
6 Ebenda, S. 19
7 Ebenda, S. 18
8 Lyotard, Au juste, S. 52f
9 Interview mit W. van Reijen und D. Veerman in diesem Band
10 Eine Widerstandslinie. In: Grabmal des Intellektuellen, S. 53-67

Kapitel 7

1 C. Bürger, Moderne als Postmoderne: Jean-François Lyotard. In: dies. und P. Bürger (Hg.), Postmoderne: Alltag, Allegorie und Avantgarde, Frankfurt/M. 1987, S. 122-143
2 Lyotard, Immaterialität und Postmoderne, S. 100
3 O. Marquard, Nach der Postmoderne. Bemerkungen über die Futurisierung des Antimodernismus und die Usance Modernität. In: P. Koslowski u. a. (Hg.), Moderne oder Postmoderne?, a. a. O., S. 45-59, hier S. 49
4 Lyotard, Das Erhabene und die Avantgarde, S. 160
5 Ebenda, S. 153
6 Ebenda
7 Ebenda, S. 163
8 K. Marx/F. Engels, Manifest der kommunistischen Partei. In: Marx/Engels-Studienausgabe. Hg. v. I. Fetscher, Frankfurt/M. 1966, Bd. 3, S. 62
9 Interview mit G. Raulet. In: Spuren, Nr. 17, Nov./Dez. 1986, S. 40
10 Lyotard, Das Erhabene und die Avantgarde, S. 164

11 In: Spuren, a.a.O., S.38. Raulet hatte den Vorwurf erhoben in: G. Raulet, Gehemmte Zukunft, Darmstadt und Neuwied 1986, S.137-139
12 Lyotard, Immaterialität und Postmoderne, S.11
13 Ebenda, S.102

Kapitel 8

1 Lyotard, Der Widerstreit, S.12
2 Ebenda, S.10
3 Ebenda, S.131f
4 L. Wittgenstein, Tractatus Logico-philosophicus. 7. Aufl., Frankfurt/M. 1969, Aphorismus 5.552, S.87; Lyotard, Der Widerstreit, Aphorismus 99
5 Lyotard, Der Widerstreit, Aphorismus 239
6 Interview mit W. van Reijen und D. Veerman in diesem Band
7 Lyotard, Der Widerstreit, S.198
8 Ebenda, S.206 (Hervorhebungen WRS)
9 I. Kant, Kritik der praktischen Vernunft. Hg. v. K. Vorländer, Hamburg 1929, S.56
10 I. Kant, Der Streit der Fakultäten, 2. Abschnitt (»Erneuerte Frage: Ob das menschliche Geschlecht im beständigen Fortschreiten zum Besseren sei?«)
11 Ebenda, §6
12 Lyotard, Der Widerstreit, S.275
13 I. Kant, Kritik der Urteilskraft, §29 (»Allgemeine Anmerkung zur Exposition der ästhetischen reflektierenden Urteile«)
14 Lyotard, Der Widerstreit, S.275
15 Ebenda, S.276
16 I. Kant, Kritik der Urteilskraft, §30, auch §24; vgl. Lyotard, Der Widerstreit, S.276
17 I. Kant, Der Streit der Fakultäten, §6
18 I. Kant, Kritik der Urteilskraft, §22
19 Lyotard, Der Widerstreit, S.278
20 Ebenda, S.279
21 Ebenda, Aphorismus 22
22 K. Marx, Kritik der Hegelschen Rechtsphilosophie, Einleitung.

In: Marx/Engels – Studienausgabe. Hg. v. I. Fetscher, Frankfurt/M. 1966, Bd. 1, S. 29

23 M. Foucault, Was ist Aufklärung? Was ist Revolution? In: die tageszeitung, 2.7.1984, S. 10f

24 J. Habermas, Zu Foucaults Vorlesung über Kants »Was ist Aufklärung«. In: die tageszeitung, 7.7.1984, S. 13

25 Lyotard, Der Widerstreit, S. 230

26 Ebenda

27 Ebenda, S. 274

28 Ebenda, S. 250

29 Vgl. K. Th. Schuon (Hg.), Politische Theorie des Demokratischen Sozialismus, Marburg 1986, S. 103-170; E. Fraenkel, Reformismus und Pluralismus, Hamburg 1973; J. Rawls, Eine Theorie der Gerechtigkeit, Frankfurt/M. 1979

30 Lyotard, Grabmal des Intellektuellen, S. 54

31 Lyotard, Der Widerstreit, Aphorismus 263

32 Ebenda, S. 28

33 L. Wittgenstein, Philosophische Untersuchungen, Frankfurt/M. 1971, S. 69

34 Lyotard, Der Widerstreit, S. 35f

35 Ebenda, S. 104

36 Ebenda, S. 107

Kapitel 9

1 Lyotard, Grundlagenkrise, S. 2

2 Ebenda, S. 2f

3 Ebenda, S. 3

4 Ebenda, S. 4

5 W. Kuhlmann, Reflexive Letztbegründung. Untersuchungen zur Transzendentalpragmatik, Freiburg und München 1985

6 Ebenda, S. 73

7 Lyotard, Grundlagenkrise, a. a. O., S. 9

8 Ebenda

9 Ebenda, S. 10

10 Ebenda

11 Ebenda, S. 11

12 Ebenda
13 Ebenda, S. 12
14 Lyotard, Der Widerstreit, S. 106
15 Ebenda, S. 107
16 Lyotard, Grundlagenkrise, S. 13
17 G. Vattimo, Jenseits vom Subjekt. Nietzsche, Heidegger und die Hermeneutik, Graz und Wien 1986, S. 103; vgl. dazu M. Heidegger, Identität und Differenz. 8. Aufl., Pfullingen 1986, S. 43, 59
18 G. Vattimo, a. a. O., S. 103 f
19 A. Wellmer, Zur Dialektik von Moderne und Postmoderne. Vernunftkritik nach Adorno, Frankfurt/M. 1985, S. 160
20 Ebenda, S. 127 f
21 Lyotard, Grundlagenkrise, S. 16
22 Ebenda, S. 17
23 Ebenda, S. 20
24 Ebenda, S. 21
25 Ebenda, S. 13-23
26 Ebenda, S. 22
27 Ebenda, S. 23
28 Ebenda
29 Vgl. dazu A. Gehlen, Zeit-Bilder. Zur Soziologie und Ästhetik der modernen Malerei. 3. Aufl., Frankfurt/M. 1986
30 Vgl. dazu Kapitel 4 in diesem Band
31 Lyotard, Grundlagenkrise, S. 24
32 Ebenda, S. 26 f
33 Ebenda, S. 27
34 Ebenda, S. 29
35 Ebenda, S. 30
36 Ebenda, S. 31

Kapitel 10

1 R. Rorty, Le Cosmopolitisme sans émancipation (en réponse à Jean-François Lyotard). In: Critique Nr. 456, 1985, S. 569-580, hier S. 571 und 577
2 Ebenda, S. 573
3 Ebenda, S. 574

4 Discussion entre Jean-François Lyotard et Richard Rorty. In: Critique Nr. 456, 1985, S. 581-584; hier S. 584 (Diskussionsbeitrag von Rorty)
5 Ebenda, S. 583 (Diskussionsbeitrag von Lyotard, Übersetzung WRS)
6 R. Rorty, Le Cosmopolitisme..., a. a. O., S. 580
7 Ebenda, S. 578
8 In: J. Habermas, Kleine Politische Schriften (I-IV), Frankfurt/M. 1981, S. 444-464
9 Ebenda, S. 462-464
10 Lyotard, Beantwortung der Frage: Was ist postmodern?, S. 133; Postmoderne für Kinder, S. 14
11 J. Habermas, Der philosophische Diskurs der Moderne, Frankfurt/M. 1985
12 S. Benhabib, Kritik des »postmodernen Wissens« – eine Auseinandersetzung mit Jean-François Lyotard. In: A. Huyssen/K. Scherpe (Hg.), Postmoderne. Zeichen eines kulturellen Wandels, Reinbek 1986, S. 119
13 G. Raulet, Gehemmte Zukunft. Zur gegenwärtigen Krise der Emanzipation, a. a. O., S. 180
14 Interview mit G. Raulet, a. a. O., S. 41
15 Ebenda, S. 40
16 Ebenda, S. 41 f
17 E. Angehrn, Krise der Vernunft? Neuere Beiträge zur Diagnose und Kritik der Moderne. In: Philosophische Rundschau, 33. Jg. 1986, S. 161-209, hier S. 200
18 Wellmer, a. a. O., S. 105
19 Ebenda
20 Ebenda, S. 106
21 Lyotard, Beantwortung der Frage: Was ist postmodern?, S. 142; Postmoderne für Kinder, S. 30
22 Wellmer, a. a. O., S. 109

Schluß

1 Zum französischen neueren Nietzscheanismus kann man nachlesen bei Gilles Deleuze, Nietzsche und die Philosophie, Frank-

furt/M. 1986 (zuerst Paris 1962), und bei Werner Hamacher (Hg.), Nietzsche aus Frankreich. Essays von Maurice Blanchot, Jacques Derrida, Pierre Klossowski, Philippe Lacoue-Labarthe, Jean-Luc Nancy und Bernard Pautrat, Frankfurt/M. und Berlin 1986

van Reijen/Veerman: Gespräch mit Lyotard

Soweit in diesem Gespräch der Ausdruck »arrive-t-il?« verwendet wurde, ist er mit »ereignet es sich?« übersetzt worden – also nicht mit »geschieht es?« wie in der deutschen Ausgabe des *Widerstreit*.

1 Vgl. Lyotard, Judicieux dans le différend. In: La Faculté de juger, Paris 1985, S. 229; vgl. auch: Randbemerkungen zu den Erzählungen. In: Postmoderne für Kinder, S. 32-37; Sendschreiben zu einer allgemeinen Geschichte, ebenda, S. 38-56
2 Vgl. ders., Beantwortung der Frage: Was ist postmodern?, S. 142; Postmoderne für Kinder, S. 30
3 Ders., Kunst heute? In: Immaterialität und Postmoderne, S. 56
4 Interview mit G. v. d. Abbeele. In: Diacritics 3/1984, S. 17
5 Lyotard, Instructions païennes, S. 36
6 Ders., Discours, figure, S. 18
7 Ders., Ökonomie des Wunsches, S. 14
8 Erscheint in den *Cahiers* des College International de Philosophie
9 In: Artforum 20, 1982
10 I. Kant, Kritik der Urteilskraft, § 57, Anm. 1
11 Ebenda, § 21
12 Vgl. Lyotard, La Faculté de juger, S. 197. – Nancy verwendet den Begriff in: Le Discours de la syncope Logodaedalus, Paris 1976
13 Vgl. Sur la théorie. Interview mit B. Devismes. In: Lyotard, Dérive à partir de Marx et Freud, S. 228 f
14 Lyotard, Grundlagenkrise, S. 13
15 Vgl. ders., L'Acinema (1973). Dt. in: Essays zu einer affirmativen Ästhetik, S. 25-43
16 In: Artforum 22, 1984
17 Lyotard, Judicieux dans le différend, a. a. O., S. 235

18 Ders., L'Enthousiasme, S. 112 ff

19 I. Kant, Werke, Wiesbaden 1957, Bd. 6, S. 60

20 Lyotard, En finir avec l'illusion de la politique. In: La Quinzaine littéraire, 15. Mai 1972, S. 19

21 Zu diesen immer wiederkehrenden Themen vgl. Instructions païennes, S. 19; Der Widerstreit, Nr. 257; und Judicieux dans le différend, a. a. O., S. 234 ff

22 Lyotard, Kunst heute?, a. a. O., S. 69

23 J. L. Nancy, La Communauté desouvrée, Paris 1986

24 Vgl. W. Benjamin, Das Kunstwerk im Zeitalter seiner technischen Reproduzierbarkeit. In: ders., Gesammelte Schriften, Frankfurt/M. 1972 ff, Bd I/2, S. 469

25 Lyotard, Au juste, S. 171

26 Ders., Eine Widerstandslinie. In: Postmoderne für Kinder, S. 112-125

27 In: Critique 456, 1985

28 In: Le Monde, 28./29. Okt. 1984

Literaturhinweise

Von den beiden Hauptwerken Lyotards ist *Das postmoderne Wissen* als Paperback erschienen. *Der Widerstreit* ist leider nur als gebundene Ausgabe erhältlich, dafür aber sehr sorgfältig übersetzt und auch handwerklich gut gemacht. Außerdem enthält der Anhang dieses Bandes die bisher umfangreichste Bibliographie der französischen Erstveröffentlichungen, der deutschen Übersetzungen und der wichtigsten Sekundärliteratur. Für jede etwas gründlichere Beschäftigung mit Lyotard ist dieser Band empfehlenswert. Die Ausgaben im Merve-Verlag sind dünne Taschenbücher, die um DM 10 kosten.

Deutsche Ausgaben von Jean-François Lyotards Werken

Das Patchwork der Minderheiten. Berlin: Merve 1977

Intensitäten. Berlin: Merve 1978 (Auswahl aus »Des dispositifs pulsionnels«)

Apathie in der Theorie. Berlin: Merve 1979 (Aus »Instructions païennes«, Paris: Galilée 1977; und »Rudiments païens«, Paris 1977)

Beantwortung der Frage: Was ist postmodern? In: Tumult, 4. Jg. 1982, S. 131-142 (wieder abgedruckt in: Postmoderne für Kinder, Wien: Passagen 1987, S. 11-31)

Streitgespräche oder: Sprechen nach »Auschwitz«. Bremen: Impuls o. J. (1982) (Die Hauptgedanken dieses Bändchens sind im »Widerstreit« breiter ausgeführt)

Essays zu einer affirmativen Ästhetik. Berlin: Merve 1982 (Auswahl aus »Des dispositifs pulsionnels«, Paris 1973, 1980)

Ökonomie des Wunsches. Economie libidinale, Bremen: Impuls 1984 (zuerst Paris: de Minuit 1974)

Das Erhabene und die Avantgarde. In: Merkur, 38. Jg. 1984, S. 151-164
Grabmal des Intellektuellen. Graz und Wien: Böhlau 1985 (zuerst Paris: Galilée 1984)
Die Mauer des Pazifik. Eine Erzählung, Graz und Wien: Böhlau 1985 (zuerst Paris: Galilée 1979)
Immaterialität und Postmoderne. Berlin: Merve 1985
Gespräch mit Christian Descamps. In: Peter Engelmann (Hg.), Philosophien, Graz und Wien: Böhlau 1985, S. 115-128
Das postmoderne Wissen. Ein Bericht. Graz und Wien: Böhlau 1986 (zuerst Paris: Editions de Munuit 1979. Eine erste deutsche Übersetzung erschien schon 1982 in der ersten und einzigen Nummer der Zeitschrift »Theatro Machinarum«, Wien, H. 3/4)
Philosophie und Malerei im Zeitalter ihres Experimentierens. Berlin: Merve 1986
Gespräch mit Florian Rötzer. In: F. Rötzer (Hg.), Französische Philosophen im Gespräch, München: Boer 1986, S. 101-118
Grundlagenkrise. In: Neue Hefte für Philosophie, H. 26, 1986, S. 1-33
Die Transformatoren Duchamp. Stuttgart: Edition Patricia Schwarz 1986 (zuerst Paris: Galilée 1977)
Das Schöne und das Erhabene. Gespräch mit Gérard Raulet. In: Spuren Nr. 17, Nov./Dez. 1986, S. 34-42
Der Widerstreit. München: Wilhelm Fink 1987 (zuerst Paris: Edition de Minuit 1983)
Postmoderne für Kinder. Briefe aus den Jahren 1982-1985, Wien: Böhlau 1987 (zuerst Paris: Galilée 1986)
Der Enthusiasmus. Wien: Böhlau 1988 (zuerst Paris: Galilée 1986)

Ergänzende Hinweise auf einige zur Zeit nur auf Französisch zugängliche Texte Lyotards

La Phénoménologie. Paris 1954
Discours, figure. Paris 1971
Dérive à partir de Marx et Freud, Paris 1973
Au juste. Conversations (zus. mit Jean-Loup Thébaud), Paris: Christian Bourgois 1979 (äußerst lebendige Dialoge)
Pierre Souyri — Le marxisme qui n'a pas fini. In: Esprit 6/1982

Discussion entre Jean-François Lyotard et Richard Rorty. In: Critique Nr. 456, 1985, S. 581-584
Retour au postmoderne. In: Magazine Littéraire, Nr. 225 (Dez. 1985)
Du bon usage du postmoderne. In: Magazine Littéraire, Nr. 239/240 (März 1987)

Sekundärliteratur

Der hier vorliegende Band ist die erste Monographie über Lyotard. Bisher gibt es über ihn lediglich Aufsätze, von denen hier nur diejenigen ausgewählt werden, die einzelne Teilfragen in einer für den Leser wirklich hilfreichen Weise weiterführen. Die Auswahl der Sekundärliteratur im Anhang zu *Der Widerstreit* umfaßt immerhin schon, Rezensionen eingeschlossen, 82 Titel. Hier einige wichtige Veröffentlichungen in chronologischer Folge.

Jürgen Habermas, Die Moderne – ein unvollendetes Projekt. In: ders., Kleine Politische Schriften (I-IV), Frankfurt/M. 1981, S. 444-464 (Lyotard kommt hier nicht vor, trotzdem ist diese Dankrede zur Verleihung des Adorno-Preises 1980 die meistzitierte Kampfschrift gegen die Postmoderne. Aus diesem Text stammt der Vorwurf des Neukonservatismus)
Manfred Frank, Was ist Neostrukturalismus? Frankfurt/M. 1984 (Vorlesungen mit längeren französischen Zitaten – hilfreich für das Verständnis von Lyotards Umfeld)
Axel Honneth, Der Affekt gegen das Allgemeine. Zu Lyotards Konzept der Postmoderne. In: Merkur, 38. Jg. 1984, S. 893-903 (Honneth ist Mitarbeiter von Jürgen Habermas)
Richard Rorty, Le Cosmopolitisme sans émancipation (en réponse à Jean-François Lyotard). In: Critique Nr. 456, 1985, S. 569-580 (die wichtigste politische Auseinandersetzung mit Lyotard)
Richard Rorty, Habermas and Lyotard on Postmodernity. In: Richard J. Bernstein (Hg.), Habermas and Modernity, Cambridge 1985, S. 161-175 (Rortys kleinere Schriften würden es alle verdienen, in einem deutschen Sammelband zusammengefaßt zu werden)
Wolfgang Welsch, Postmoderne und Postmetaphysik. Eine Konfron-

tation von Lyotard und Heidegger. In: Philosophisches Jahrbuch, 92. Jg. 1985, S. 116-123

Albrecht Wellmer, Zur Dialektik von Moderne und Postmoderne. Frankfurt/M. 1985, besonders S. 52-63, 105ff (Verständnisvolle und weiterführende Kritik Lyotards. Wellmer bemüht sich um eine theoretische Vermittlung zwischen Lyotards pluralem Rationalismus und der Frankfurter Schule)

Charles Jencks, Post-Modern und Spät-Modern. Einige grundlegende Definitionen. In: Peter Koslowski u. a. (Hg.), Moderne oder Postmoderne? Zur Signatur des gegenwärtigen Zeitalters, Weinheim 1986, S. 205-235 (Jencks' Architekturkritik ist brillant und will das Gegenteil einer oberflächlichen Fassadenarchitektur. »Postmodern« ist für ihn ein positiver Kampfbegriff. Deshalb hält er Lyotards völlig andersartige Begriffsverwendung für eine »verrückte Idee«)

Wolfgang Welsch, Nach welcher Moderne? Klärungsversuche im Feld von Architektur und Philosophie, in: Peter Koslowski (Hg.), Moderne oder Postmoderne? Weinheim 1986, S. 237-257 (Die gegenwärtig klarste und übersichtlichste Erklärung der verschiedenen Begriffsdefinitionen von »postmodern«)

Seyla Benhabib, Kritik des »postmodernen Wissens« – eine Auseinandersetzung mit Jean-François Lyotard. In: Andreas Huyssen und Klaus R. Scherpe (Hg.), Postmoderne. Zeichen eines kulturellen Wandels, Reinbek 1986, S. 103-127 (Politisch-moralische Lyotard-Kritik vom Standpunkt einer »Postmarxistin«. Leider bezieht sie sich fast ausschließlich auf den Lyotard des »Postmodernen Wissens«)

Gérard Raulet, Gehemmte Zukunft. Zur gegenwärtigen Krise der Emanzipation, Darmstadt und Neuwied 1986 (Rasch geschrieben und trotzdem häufig zitiert)

Burghart Schmidt, Postmoderne – Strategien des Vergessens, Darmstadt und Neuwied 1986

Wolfgang Welsch, Vielheit ohne Einheit? Zum gegenwärtigen Spektrum der philosophischen Diskussion um die »Postmoderne«. In: Philosophisches Jahrbuch, 94. Jg. 1987, S. 111-141 (Welsch propagiert eine »transversale Vernunft«, die die Übergänge zwischen verschiedenen Vernunftsbereichen ermöglichen soll. Er ist der Meinung, daß damit Lyotards Problem gelöst werden kann)

Wolfgang Welsch, Die Philosophie der Mehrsprachigkeit. Postmoderne und technologisches Zeitalter. In: Die politische Meinung, 32. Jg. 1987, H. 231, S. 58-68

Luc Ferry/Alain Renaut, Antihumanistisches Denken. Gegen die französischen Meisterphilosophen, München und Wien 1987 (Kritik an Foucault, Derrida, Bourdieu und Lacan aus dem Geiste Karl Poppers)

Christa Bürger, Moderne als Postmoderne: Jean-François Lyotard. In: dies. und Peter Bürger (Hg.), Postmoderne: Alltag, Allegorie und Avantgarde, Frankfurt/M. 1987, S. 122-143 (Über Lyotards Theorie des Erhabenen und der Avantgarde)

Wolfgang Welsch, Heterogenität, Widerstreit und Vernunft. Zu Jean-François Lyotards philosophischer Konzeption von Postmoderne. In: Philosophische Rundschau, 34. Jg. 1987, H. 3, S. 161-186 (Besprechung des »Widerstreit«)

Wolfgang Welsch, Unsere postmoderne Moderne. Weinheim 1987 (Welschs Buch ist gegenwärtig der sachlichste und kenntnisreichste Gesamtüberblick zum Thema Postmoderne. Lyotard wird in drei Kapiteln ausführlich behandelt)

Bernhard Taureck, Rezension zu »Der Widerstreit«. In: Universitas, 42. Jg. 1988

Zeittafel

1924	Jean-François Lyotard wird in Versaille geboren
1950-1952	Dozent in Constantine/Algerien
1953 ff	Tätigkeit als Lehrer
1954	L. Veröffentlicht sein erstes Buch: *La Phénoménologie*
1954-1964	L. ist Mitglied der Gruppe um *Socialisme ou Barbarie*
1954-1966	Mitarbeit bei *Pouvoir ouvrier*
1971	Promotion mit *Discours, figure*. Seitdem veröffentlicht L. eine Reihe von Texten zur Gegenwartskunst. Lehrtätigkeit an der Universität von Nanterre, danach an der Universität Paris VIII
1974	Veröffentlichung der *Economie Libidinale*
1979	Veröffentlichung von *La Condition postmoderne*, er beginnt, international bekannt zu werden
1983	Veröffentlichung seines Hauptwerks *Le Différend*
1985	Ausstellung »Les Immatériaux« im Centre Georges Pompidou in Paris
1987	Emeritierung, verschiedene Gastprofessuren im Ausland

Walter Reese-Schäfer, geb. 1951. Studium der Germanistik und Politikwissenschaft in Hamburg. Bücher: Zur Geschichte der sozialistischen Heine-Rezeption in Deutschland, Frankfurt/M. 1979; Literarische Rezeption, Stuttgart 1980. Zeitschriftenveröffentlichungen. 1976-80 Redakteur der Zeitschrift *Sozialist.* Lebt von Dokumentationsarbeiten für *Die Zeit* und den *Stern.* Seit Beginn der achtziger Jahre verstärkte Hinwendung zu philosophischen Themen.

JUNIUS